Cuisine pour les enfants

Cuisine pour les enfants

Les plaisirs de la table

Cuisine pour les enfants

Illustrations : Gabi Selbach
Traduction de l'allemand : V. Larger
Imprimé en Espagne

ISBN 273821536X

SOMMAIRE

L'alimentation de l'enfant

Une alimentation saine est la meilleure garantie d'avoir des enfants en bonne santé, ne souffrant pas de surpoids, de caries ou de quelconques carences. Il leur faut donc une alimentation équilibrée et variée qui fournit tous les nutriments essentiels tels que glucides, protides, vitamines, sels minéraux et fibres. Le meilleur moyen pour y parvenir c'est de préparer des repas variés, répartis de façon équilibrée sur la journée, contenant beaucoup de produits laitiers, de fruits, de légumes et de céréales complètes.

Un enfant développe dès son plus jeune âge son propre goût. Les parents ont alors la possibilité d'orienter la préférence de l'enfant vers certains mets et de forger ses habitudes alimentaires. Si les adultes et les frères et sœurs aînés donnent le bon exemple, l'enfant considérera très tôt une alimentation saine comme quelque chose de tout à fait naturel.

Le choix des aliments est déjà en soi déterminant pour la valeur nutritionnelle des repas quotidiens. On servira du pain, du pain suédois et des petits pains à base de céréales complètes et non du pain blanc et des petits pains à base de farine de blé blanche.

Les calories « malsaines », fournies par exemple par le sucre et les farines raffinées, seront á éviter. Il faudra préférer le riz nature et les pâtes complètes aux produits raffinés.

Si vous faites participer votre enfant à la préparation des repas, il ne grognera plus devant son assiette. On aime toujours ce qu'on a cuisiné soi-même et vous trouverez des idées à ce sujet dans les pages enfant de ce livre. À la rubrique « ma page », les enfants font leurs premiers pas dans le monde de la cuisine grâce à des recettes sélectionnées pour eux.
Pour qu'ils prennent vraiment plaisir à cuisiner, nous avons choisi des plats simples mais très appréciés des enfants. Même si nous nous efforçons d'apprendre à nos enfants à bien se nourrir, nous ne pourrons ni les empêcher d'engloutir de temps en temps une « portion de frites mayonnaise » ni priver les petits gourmands de friandises. Tant que ces écarts restent des exceptions, il n'y a rien à dire. Mais les enfants devraient apprendre de bonne heure à savoir aussi résister à la tentation.

Les besoins énergétiques

Les enfants ont besoin de plus d'énergie que les adultes, en termes de poids corporel. Comme ils continuent de grandir, la surface de leur corps est proportionnellement plus grande et elle dégage donc plus de chaleur. De plus, ils dépensent de l'énergie en jouant et en courant et celle-ci doit être remplacée. Tout cela fait augmenter la consommation d'énergie exprimée en calories/joules. Les besoins plus élevés en protéines sont dus au fait que les enfants grandissent.

Les indications concernant les besoins énergétiques (se rapporter au tableau) sont des valeurs moyennes qui peuvent varier vers le haut ou vers le bas, selon la constitution et les dépenses de l'enfant. Les valeurs indiquées correspondent à la demande par jour et par kilo de masse corporelle. La quantité de liquide nécessaire comprend aussi l'eau contenue dans les plats.

	joules/calories	protéines	liquide
enfants en bas âge 1 à 3 ans 4 à 6 ans	 90–80 80	 2,2 g 2,0 g	 115–125 ml 100–110 ml
enfants d'âge scolaire 7 à 9 ans 10 à 12 ans, garçons 10 à 12 ans, filles	 70 60 50	 1,8 g 1,5 g 1,4 g	 90–100 ml 70– 85 ml 70– 80 ml
adultes:	37	0,8–0,9 g	20– 45 ml

Dans l'alimentation de l'enfant, l'apport en calcium qui est en grande partie responsable du bon développement des dents et des os joue un rôle particulièrement important. Les aliments les plus riches en calcium sont le lait et les produits laitiers. Un enfant en bas âge devrait boire au moins 250 ml de lait par jour, un enfant d'âge scolaire 500 ml. Un enfant d'âge scolaire qui a des activités sportives pourra consommer jusqu'à 750 ml de lait. Les enfants qui n'aiment pas le lait pourront boire du babeurre ou consommer d'autres produits laitiers comme le yaourt, la faisselle, le kéfir et le fromage blanc – avec ou sans fruits, mais sans sucre dans la mesure du possible.

Les repas

C'est en répartissant les repas sur l'ensemble de la journée que l'on pourra remplacer l'énergie dépensée et éviter les coups de fatigue. Une alimentation variée contenant du lait et des produits laitiers, des pommes de terre, peu de viande, beaucoup de fruits et de légumes, se traduit un apport équilibré et complet de tous les nutriments et couvre les besoins en vitamines, sels minéraux et oligo-éléments.

Il est mieux de prendre cinq repas que trois. Comme les enfants ne peuvent pas emmagasiner de grosses quantités d'énergie, il vaut mieux prévoir – en plus des repas principaux petit déjeuner, déjeuner et dîner – une tartine pour la récréation du matin et un goûter.

En matière d'apport calorique journalier, les nutritionnistes conseillent la répartition suivante:

1er et 2e petit déjeuner	35 %
déjeuner	30 %
goûter	10 %
dîner	25 %

Dans ce schéma, la quantité d'énergie conseillée pour le 1er et le 2e petit déjeuner est une valeur globale, car beaucoup d'enfants n'aiment pas prendre un petit déjeuner important au saut du lit, qui couvrirait le besoin énergétique de la matinée et c'est pourquoi ils ont alors besoin d'une tartine plus grosse pour la récréation.

Le déjeuner ne doit pas toujours comporter de la viande. Poisson, légumes, pommes de terre, pâtes et riz complets, fruits et fromage blanc

permettent d'apporter une grande variété aux menus de la semaine.

Le goûter est très important pour les enfants qui se dépensent physiquement. Pourquoi ne pas leur offrir par exemple un yaourt, un fruit, un verre de lait avec des petits gâteaux complets ou un morceau de pain suédois avec du fromage frais. Le repas du soir ne devra pas être lourd à digérer mais être composé de petits encas savoureux, p. ex. des toasts gratinés, des salades de crudités, de jolies tartines garnies ou une pizza épicée dont chacun pourra manger une part.

Ce livre de recettes propose une grande variété de bonnes idées pour tous les repas. Les enfants aiment bien en général participer à la préparation de repas variés, savoureux et sains. Et pour qu'ils apprennent vite à rechercher et apprécier une alimentation saine et à remarquer d'eux-mêmes si elle est équilibrée ou non, ce livre de cuisine donne toute une série de conseils diététiques en fournissant des informations sur la composition des aliments ainsi que sur l'importance diététique des aliments utilisés.

Dans ces conseils qui se repèrent facilement par leurs illustrations colorées, nous n'avons pas privilégié uniquement l'alimentation de l'enfant, car ce qui vaut pour les petits est valable pour tous les membres de la famille: l'alimentation quotidienne doit être composée de repas variés pour assurer l'apport de tous les nutriments nécessaires à la vie.

Les photos appétissantes, les nombreuses illustrations amusantes, les pages multicolores de la cuisine des enfants et le grand nombre de recettes et de conseils diététiques de ce livre de cuisine familial permettront à chacun et chacune de trouver ce que nos enfants aiment bien manger.

Petit ABC de la cuisine

Dans les livres de cuisine, nous rencontrons souvent des expressions que l'on n'utilise pas dans la langue de tous les jours et qui ont parfois laissé perplexes bien des cuisiniers en herbe. C'est pourquoi nous vous invitons à lire ce chapitre avant de commencer votre premier cours de cuisine.

Déglacer
Ajouter un liquide dans le récipient p.ex. à faire revenir une viande, suer un légume ou confectionner un roux pour une sauce ou sur du sucre caramélisé.

Passer à l'eau froide
Passer rapidement les aliments cuits à l'eau froide. Le riz et les pâtes collent moins. Les œufs durs s'écaleront plus facilement.

Réhydrater/gonfler
Les aliments déshydratés se gorgent de liquide, c'est le cas des légumes et fruits secs quand on les fait tremper et cuire, des pâtes et du riz durant la cuisson. La quantité de liquide absorbé peut être très importante.

Cuire au four/à la poêle
Cuire au four un gâteau ou un gratin à des températures diverses et les faire dorer.
Faire cuire et dorer une pâte à la poêle (p. ex. crêpes).

Épaissir
Donner de la consistance à une soupe, une sauce ou un autre liquide à l'aide de farine, de fécule ou d'un autre élément liant.

Blanchir
Plonger dans l'eau bouillante un aliment cru p. ex. fruits, légumes, pommes de terre pour une courte durée (2-3 min).

Rôtir/sauter
Faire cuire et dorer avec ou sans graisse, à température moyenne ou élevée.
Nous distinguons plusieurs possibilités, p.ex.
sauter à la poêle: toutes viandes à

cuisson rapide telles que côtelettes, escaloppes, filets; pommes de terre, poisson.
Rôtir au four: les grosses pièces de bœuf, porc, veau, agneau, mouton de plus d'un kilo, ainsi que la volaille et le gibier restent particulièrement juteux lors de la cuisson au four.

Bouillon
Il est nécessaire comme ingrédient dans beaucoup de recettes. Il existe certes dans le commerce une grande variété de bouillons de viande et de légumes mais on peut également les préparer soi-même en grande quantité à partir de divers produits pour les congeler en petites portions.

Cuire à la vapeur
Cuire des aliments dans une passoire placée sur une casserole d'eau bouillante. Il existe divers ustensiles pour ce mode de cuisson.

Étuver
Faire cuire dans son propre jus avec peu de matière grasse ou de liquide. Une méthode de cuisson qui préserve en grande partie les vitamines et nutriments fournis par les fruits, les légumes, la viande tendre et le poisson.

Dégraisser
On peut facilement retirer la graisse d'un bouillon ou d'une soupe refroidis en enlevant la couche de graisse figée en surface.
Si le bouillon est chaud, vous pouvez poser à la surface un morceau de

papier absorbant, le laisser s'imbiber rapidement et le retirer. Répéter l'opération aussi souvent que nécessaire.

Farce
Une préparation d'ingrédients hachés tels que viande, légumes et champignons et destinée à garnir volaille, viande et gibier ou pâtés.

Fond
Un bouillon concentré obtenu en cuisant de la viande, du poisson ou des légumes dans peu d'eau ou en faisant rôtir ou mijoter de la viande. Un bon fond est la meilleure préparation de base pour une excellente soupe ou une sauce.

Frire
Faire cuire et dorer dans une grande quantité de graisse à une température de 170 à 190°C.

Pocher
Faire cuire dans un liquide maintenu juste en dessous du point d'ébullition. Pour la cuisson des knödel p.ex., le liquide doit frémir et ne pas bouillonner.

Gratiner (passer au four)
Faire rapidement dorer la surface de la préparation (gratin) à température élevée, p. ex. sous le grill du four, à température élevée de la voûte.

Griller
Faire cuire et dorer par rayonnement de la chaleur, p. ex. dans le four ou sur un barbecue à l'extérieur.

Caraméliser
Faire fondre et brunir le sucre; interrompre le processus de coloration en ajoutant un liquide.

Frémir
Ebullition imperceptible à petits bouillons.

Pâtes à gâteau

On peut classer la plupart des recettes de gâteaux selon les types classiques de pâte. Les divers ingrédients varient en quantité mais la préparation est presque toujours identique.

Pâte à manqué

Ingrédients pour la recette de base:
125 g de matière grasse
125 g de sucre semoule
2 œufs, 250 g de farine, 2 c. à café de levure chimique, 100 ml de lait

Pour une préparation classique, battre la matière grasse, le sucre et les œufs jusqu'à ce qu'ils moussent. Mélanger la farine avec la levure et l'incorporer à la préparation en alternant avec le lait.
Si l'on utilise un robot, mettre tous les ingrédients dans le bol et les battre 2 minutes avec le fouet du batteur ou du robot pour obtenir une pâte onctueuse. C'est la pâte classique pour le gâteau manqué.

Pâte levée

Pour préparer cette pâte, utiliser de préférence un batteur ou un robot.
Ingrédients pour la recette de base:
40 g de levure de boulanger,
300 ml de lait tiède, 500 g de farine,
1 pincée de sel, 60 g de matière grasse, 1 œuf.
Délayer la levure dans le lait tiède et laisser gonfler 5 minutes. Mélanger la farine, le sucre et le sel dans le bol. Incorporer la matière grasse ramollie en petits morceaux et l'œuf. Ajouter le lait et la levure. Travailler les ingrédients avec le fouet à crochets du batteur ou du robot jusqu'à obtention d'une pâte élastique. Couvrir le bol pour que la surface de la pâte ne se dessèche pas. Laisser lever la pâte à un endroit tempéré jusqu'à ce qu'elle ait doublé de volume.
Si l'on utilise de la levure sèche, suivre les indications du sachet. La pâte levée convient surtout pour le pain blanc et le pain de campagne, les petits pains, les tartes et les pizzas bien relevées.

Pâte à biscuit

Ingrédients pour la recette de base:
4 œufs, 4 c. à soupe d'eau tiède,

125 g de sucre, 75 g de farine, 75 g de maïzéna, 1 pincée de levure chimique.
Il y a là aussi plusieurs façons de préparer cette pâte légère et bien gonflée.
Voici la méthode classique: battre au fouet le jaune d'œuf, l'eau tiède et le sucre jusqu'à obtention d'un mélange épais et onctueux. Monter le blanc d'œuf en neige et l'ajouter. Mélanger la farine avec la maïzéna et la levure et la tamiser sur le blanc monté en neige. Mélanger le tout en soulevant la préparation. Enfourner immédiatement.
Cette pâte convient surtout pour les gâteaux à fourrer et les pâtisseries fines.

Pâte brisée (ou pâte à foncer)

Ingrédients pour la recette de base:
250 g de farine, 1 pincée de levure chimique (facultatif), 65 g de sucre, 125 g de matière grasse, 1 œuf.
Mélanger dans une terrine la farine (éventuellement la levure) et le sucre. Y ajouter la matière grasse en petits morceaux et l'œuf. Pétrir le tout jusqu'à obtention d'une pâte lisse, de préférence avec le fouet à crochets du batteur. Envelopper la pâte dans du film alimentaire et la laisser reposer au froid au moins 30 minutes. Cette pâte convient surtout pour les fonds de tarte aux fruits et les petits gâteaux secs.

Lier
Donner de la consistance et de la saveur à une soupe, une sauce ou d'autres préparations cuites avec un jaune d'œuf, du beurre ou de la crème. Battre d'abord le jaune avec un peu de crème ou un autre liquide et l'ajouter à la préparation sans cesser de remuer.

Marinade
Se compose d'un liquide condimenté (vinaigre, jus de citron), d'épices et d'huile (facultatif) dans lequel on fait tremper – mariner – toutes sortes de viande, mais aussi du poisson et des légumes.

Paner
Fariner, passer dans de l'œuf battu puis dans de la chapelure des tranches de viande, de poisson ou de légumes.

Passer
Presser des aliments crus ou cuits au travers d'une passoire

Pincée
C'est la quantité que l'on peut prendre entre le pouce et l'index.

Réduire en purée
Broyer ou tamiser des aliments crus ou cuits (fruits, légumes, pommes de terre) jusqu'à obtention d'une substance lisse (mixeur à main, robot).

Griller
Faire dorer avec ou sans matière grasse p. ex. chapelure, amandes à la poêle et les tranches de pain au grille-pain.

Mijoter
Faire d'abord dorer à feu vif – saisir – p. ex. de la viande dans de la graisse très chaude, puis ajouter un liquide et cuire à feu doux dans un récipient fermé.

Faire prendre
Faire cuire à feu doux p. ex. des œufs (sans les faire blondir) avec ou sans graisse.

Mélange pot-au-feu
Une botte composée d'un poireau, d'une carotte moyenne, d'un morceau de céleri et éventuellement d'un brin de persil.

Congeler
La plupart des plats et gâteaux présentés dans ce livre se congèlent facilement, ce qui permet d'utiliser les restes et de ne pas les mettre à la poubelle.

Ébouillanter
Plonger rapidement dans l'eau bouillante p. ex. des tomates, des pêches, des abricots (les laisser dans l'eau peu de temps, égoutter). La peau s'enlèvera facilement.

Ingrédients
Mesurer ou peser soigneusement tous les ingrédients indiqués dans les recettes pour être sûr de réussir la préparation.

Poids et mesures

Dans les recettes, les quantités sont souvent indiquées en «cuillérées à soupe» ou «cuillérées à café». Les valeurs correspondantes en grammes sont les suivantes:

1 c. à soupe de beurre ou de margarine	=	10 g
1 c. à soupe de semoule	=	10 g
1 c. à soupe de flocons d'avoine	=	5 g
1 c. à soupe de miel	=	20 g
1 c. à soupe de cacao en poudre	=	5 g
1 c. à soupe de confiture	=	20 g
1 c. à soupe d'amandes moulues	=	5 g

1 c. à soupe de mayonnaise	=	12 g
1 c. à soupe de farine	=	10 g
1 c. à soupe d'huile	=	10 g
1 c. à soupe de chapelure	=	10 g
1 c. à soupe de sucre glace	=	10 g
1 c. à soupe d'eau/de lait	=	15 g
1 c. à soupe de sucre	=	15 g

1 cuillérée à café (c. à café) contient 1/3 de la quantité de la c. à soupe

Quantités de liquide

1 l	1000 ml
1/2 l	500 ml
1/4 l	250 ml
1/8 l	125 ml
1 c. à soupe	15 ml
1 c. à café	5 ml
1 tasse	150 ml
1 verre	200 ml

Abréviations

c. à soupe	cuillérée à soupe
c. à café	cuillérée à café
l	litre
ml	millilitre
surg.	surgelé
kg	kilogramme
g	gramme
pincée	pincée

Abréviations

kJ	kilojoule
kcal	kilocalorie
cuis. élec.	cuisinière électrique
cuis. gaz	cuisinière à gaz
° C	degré Celsius
1	1 pièce / unité
min	minutes
h	heure

Sauf indication contraire, toutes les recettes sont calculées pour 4 personnes.

PETIT DÉJEUNER

PETIT DÉJEUNER

La famille réunie au complet à la table du petit déjeuner – cela n'arrive en général que le week-end. Mais que l'on soit ensemble ou pas, il faut prendre un petit déjeuner, indispensable pour bien démarrer la journée. Un enfant ne devra jamais quitter la maison sans avoir pris son petit déjeuner. Même ceux qui prétendent ne rien pouvoir avaler le matin seront contents de prendre un petit déjeuner s'il est – comme dans ce chapitre – présenté de façon appétissante, variée et toujours renouvelée. Ceci demande bien sûr une certaine préparation et c'est pourquoi mieux vaut s'y prendre la veille au soir. On mettra déjà sur la table – comme chez les professionnels de la gastronomie – tout ce dont on aura besoin le lendemain matin : bol, assiette, couvert et tout ce qui ne doit pas rester la nuit au réfrigérateur ou dans la huche à pain. Ainsi, la mère aura plus de temps, le matin, pour se consacrer à la confection des tartines de la récréation, en y apportant d'autant plus d'amour et d'imagination. Quand tout est si bien préparé, les enfants sont capables de se servir pratiquement tout seuls et peut-être qu'il est même possible alors de trouver le temps de prendre tranquillement le petit déjeuner ensemble. Pour cela, une petite astuce : faites sonner le réveil un peu plus tôt pour toute la famille, et personne ne sera obligé de se dépêcher.

Tartine de fromage frais au kiwi

pour 1 portion

- 2 tranches de pain aux graines de lin (de 40 g chacune)
- 10 de beurre
- 50 g de fromage frais double crème
- (60 % de matière grasse)
- 1 c. à soupe de cornflakes (5 g)
- 1/2 kiwi
- éventuellement quelques quartiers de mandarine

1. Tartiner le pain de beurre et de fromage frais. Couper les tranches en triangles.
2. Écraser les cornflakes et les répartir sur les deux triangles.
3. Peler le kiwi, le couper en fines rondelles et le placer sur les cornflakes.
4. Poser les deux autres triangles pardessus.
5. Y déposer éventuellement quelques quartiers de mandarine. Envelopper les tartines séparément pour la récréation.

Préparation : env. 5 min
Au total env. 2035 kJ / 485 kcal

Conseil diététique

Les fraises – prenez dans la mesure du possible des fraises mûres. Celles-ci sont en effet non seulement très aromatiques mais leur goût particulièrement sucré apporte une note supplémentaire à ce petit déjeuner estival. Cependant, vous pouvez bien sûr préparer aussi cette recette lorsqu'il n'y a pas de fraises fraîches sur le marché. Prenez des fruits congelés, laissez-les se décongeler un peu avant de les disposer sur le mélange de cottage-cheese. Au fait : les fraises sont une gourmandise peu calorique. Elles ne fournissent que 36 kcal (150 kJ) pour 100 g. Pour varier la préparation, on peut évidemment utiliser d'autres fruits rouges, p. ex. des framboises, des mûres, des myrtilles, du cassis ou un mélange de fruits. Votre enfant aura peut-être envie de combiner lui-même les fruits.

Petit déjeuner estival

pour 1 portion

- 1 c. à soupe de beurre
- 2 c. à soupe de flocons d'avoine bien craquants
- 1 c. à soupe de sucre
- 100 g de fraises
- 100 g de cottage-cheese
- 1 tranche de pain de mie complet

1. Faire fondre le beurre dans une poêle, ajouter les flocons d'avoine et le sucre et tourner constamment pour les faire dorer. Les mettre sur une assiette et les laisser refroidir.
2. Laver et équeuter les fraises, les couper en quatre.
3. Mélanger le cottage-cheese et les flocons d'avoine, les dresser dans une coupe et disposer les fraises dessus.
4. Faire griller la tranche de pain et la servir avec.

Préparation : env. 15 min
Au total env. 1680 kJ / 400 kcal

Tartine au fromage frais

pour 1 portion

- 1 tranche de pain complet
- 10 g de margarine
- 20 g de fromage frais
- 1 c. à soupe de ciboulette hachée
- 3 radis
- 1 brique de jus de fruit (200 ml)

1. Tartiner le pain de margarine et de fromage frais. Parsemer de ciboulette. Couper la tranche en deux.
2. Laver les radis, en couper 2 en rondelles et les diposer sur une moitié de tranche. Poser l'autre moitié par-dessus.
3. Mettre le dernier radis sur la tranche et envelopper le tout.
4. Y joindre le jus de fruits.

Préparation : env. 5 min
Au total env. 1300 kJ / 310 kcal

Tartine salade-jambon

pour 1 portion

- 1 tranche de pain Graham
- 10 g de margarine
- 1 feuille de laitue
- 1 tranche de jambon cuit (50 g)
- quelques rondelles de concombre
- 1/2 orange
- 150 ml de lait
- 1 c. à soupe de cacao en poudre

1. Tartiner le pain de margarine.
2. Laver la feuille de salade, l' essuyer, la poser sur la tartine. Y disposer le jambon et quelques rondelles de concombre.
3. Y ajouter des quartiers d'orange.
4. Faire chauffer le lait, y mélanger le cacao en poudre et verser dans une tasse.

Préparation : env. 10 min
Au total env. 1550 kJ / 370 kcal

Sandwich au blanc de dinde

pour 1 portion

- 3 tranches de pain complet aux graines de tournesol
- 30 g de margarine
- 1/2 pomme
- 50 g de blanc de dinde fumé
- éventuellement quelques morceaux d'ananas et un bâtonnet cocktail

1. Tartiner le pain de margarine.
2. Épépiner la pomme lavée, la couper en fines tranches. En disposer une partie sur une tranche de pain.
3. Poser la 2e tranche du côté tartiné sur les pommes. Etaler de la margarine sur le côté supérieur et y mettre le blanc de dinde.
4. Poser la 3e tranche par-dessus.
5. Couper le sandwich en 4 triangles.
6. Mettre éventuellement un morceau d'ananas sur chaque triangle et fixer avec un bâtonnet cocktail.

Préparation : env. 5 min
Au total env. 2818 kJ / 671 kcal

Cornflakes aux fraises et kéfir

pour 1 portion

150 g de fraises
1 c. à soupe de sucre
150 g de kéfir allégé
3 c. à soupe de cornflakes (15 g)

1. Laver les fraises, les équeuter et les couper en quartiers. Les mélanger au sucre.
2. Verser le kéfir sur les fraises. Ajouter les cornflakes.

Préparation : env. 5 min
Au total env. 954 kJ / 208 kcal

Tartine aux noisettes

pour 1 portion

- 1 grande tranche de pain bis
- 20 g de margarine pour tartiner
- 1/2 pomme
- 1 c. à soupe de noisettes hâchées
- 1 c. à soupe d'amandes hâchées

1. Tartiner le pain bis de margarine.
2. Laver la pomme, la couper en fins quartiers, en garnir la tartine.
3. Parsemer de noisettes et d'amandes.

Préparation : env. 5 min
au total env. 1805 kJ / 431 kcal

Conseil diététique
Le fromage blanc – un produit laitier à haute teneur en protides, calcium et sel minéral – est un aliment important pour le bon développement de votre enfant.

Tartine au fromage blanc et à la confiture

pour 1 portion

- 1 tranche de pain de mie
- 10 g de margarine pour tartiner
- 2 c. à soupe de fromage blanc à 40 %
- 1 c. à soupe de confiture de fraises
- facultatif : fraises et mélisse fraîches pour la garniture

1. Faire griller le pain de mie et le tartiner de margarine.
2. Étaler le fromage blanc sur la tartine et y ajouter la confiture.
3. Décorer éventuellement la tartine de fromage blanc avec des tranches de fraise et de la mélisse.

Préparation : env. 5 min
Au total env. 1155 kJ / 275 kcal

Tartine aux radis

pour 1 portion

- 1 tranche de gros pain noir
- 1 tranche de pain suédois au sésame
- 20 g de margarine pour tartiner
- 30 g de fromage frais
- 3 radis
- sel, ciboulette

1. Tartiner le pain noir et le pain suédois de margarine. Étaler le fromage frais sur la tranche de pain noir.
2. Equeuter les radis, les laver, les couper en rondelles et en garnir la tartine de fromage frais. Saler et parsemer de ciboulette.
3. Poser la tranche de pain suédois par-dessus.

Préparation : env. 5 min
Au total env. 1578 kJ / 377 kcal

Faisselle aux abricots

pour 1 portion

- 5 – 6 abricots secs (30 g)
- 1/2 pot de faisselle (250 ml)
- 1 c. à café de graines de lin (en vente en magasin de produits diététiques)

1. Rincer la veille au soir les abricots à l'eau froide et les faire tremper pendant la nuit dans une grande tasse.
2. Avant le petit déjeuner, verser l'eau et écraser les abricots à la fourchette. Ajouter la faisselle et mélanger délicatement.
3. Parsemer de graines de lin la faisselle aux abricots.

Préparation : env. 5 min
Au total env. 1226 kJ / 292 kcal

Fromage blanc aux cerises

pour 1 portion

- 100 g de fromage blanc maigre
- 5 c. à soupe de lait
- 1 c. à s. de sirop de cerises
- 100 g de cerises dénoyautées
- 1 c. à café de graines de lin (en vente en magasin de produits diététiques)

1. Battre au fouet le fromage blanc, le lait et le sirop de cerises pour obtenir une masse crémeuse.
2. Incorporer délicatement les cerises.
3. Dresser le fromage blanc aux cerises dans une coupe et le parsemer de graines de lin.

Préparation : env. 5 min
Au total env. 983 kJ / 236 kcal

Flocons d'avoine au chocolat

pour 1 portion

- 4 c. à soupe de flocons d'avoine (30 g)
- 2 c. à soupe de boisson chocolatée instantanée
- 2 c. à soupe de raisins secs
- 200 ml de lait

1. Mettre les flocons d'avoine dans une assiette creuse ou une grande tasse, y verser la poudre chocolatée instantanée et les raisins secs et bien mélanger avec les flocons d'avoine.
2. Verser le lait, froid ou chaud, sur le mélange de flocons d'avoine et bien remuer.

Préparation : env. 5 min
Au total env. 1617 kJ / 398 kcal

Fromage blanc à la banane et aux noisettes

pour 1 portion

- 1/2 banane
- 1 c. à soupe de jus de citron
- 3 c. à soupe de fromage blanc maigre (90 g)
- 5 c. à soupe de lait
- 1 c. à café de miel
- 5 – 7 noisettes (10 g)

1. Éplucher la banane et l'écraser à la fourchette. Y ajouter aussitôt le jus de citron.
2. Battre au fouet le fromage blanc, le lait et le miel avec la purée de banane.
3. Dresser le fromage blanc à la banane dans une tasse et parsemer de noisettes.

Préparation : env. 5 min
au total env. 1220 kJ / 291 kcal

Muesli pour bien commencer la journée

pour 1 portion

- 1 petite pomme
- 1 c. à soupe de jus de citron
- 3 c. à soupe de flocons d'avoine craquants
- 1 c. à café de miel
- 1/2 pot de kéfir (250 ml)
- 1/2 orange

1. Laver la pomme, la râper grossièrement sans l'éplucher et la mettre dans une coupe. La mélanger aussitôt au jus de citron.
2. Ajouter les flocons d'avoine et le miel et les mélanger à la pomme râpée. Recouvrir de kéfir.
3. Peler l'orange, la couper en quartiers et poser ceux-ci sur le muesli.

Préparation : env. 5 min
Au total env. 1690 kJ / 402 kcal

Tartine à la pomme et au miel

pour 1 portion

- 1 tranche de pain blanc ou de pain de campagne
- 10 g de margarine pour tartiner
- 1 pomme
- 1 c. à café de jus de citron
- 1 c. à soupe de miel
- 1 c. à soupe de noisettes hâchées

1. Tartiner de margarine la tranche de pain blanc ou de pain de campagne.
2. Laver la pomme, la couper en deux et en ôter les pépins. Couper quelques tranches pour la garniture.
3. Hâcher grossièrement le reste de la pomme, mélanger avec le jus de citron et le miel.
4. Disposer la pomme hâchée sur la tartine, parsemer de noisettes et décorer avec les morceaux de pomme réservés à cet effet.

Préparation : env. 5 min
Au total env. 1316 kJ / 315 kcal

Le mélange de base pour le muesli

Pour ce mélange de base, il te faut :

- 100 g de flocons d'avoine bien craquants
- 100 g de flocons de blé
- 60 g de noisettes hâchées
- 75 g de graines de lin
- 75 g de graines de sésame
- 2 c. à soupe de graines de tournesol
- 100 g de raisins secs

Tu réunis les ustensiles suivants :

1 balance
1 terrine
1 cuillère à soupe
1 pot en verre ou une boîte à couvercle vissé (d'un contenu d'env. 1 l)

1. Peser et mesurer tous les ingrédients en quantité voulue. Les mettre dans une terrine.
2. Bien mélanger les ingrédients.
3. Remplir le pot de verre de ce mélange et bien visser le couvercle. Cette quantité suffit pour une semaine. Tu peux utiliser ce mélange tous les jours avec d'autres ingrédients : de cette façon, le petit déjeuner ne sera jamais monotone. Ton calendrier muesli pour une semaine pourrait être par exemple le suivant :

Mettre 3 c. à soupe de mélange de base dans une coupe. Couper en lamelles 4 pruneaux dénoyautés et 3 demi-abricots secs et les ajouter au tout. Mélanger avec 1/2 pot de yaourt à boire (75 g) et 1 c. à café de miel.

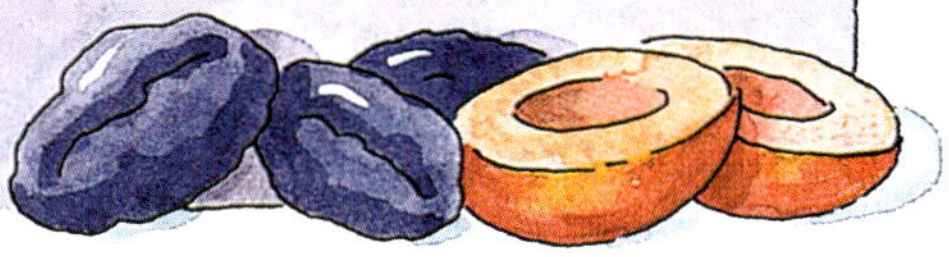

Mettre 3 c. à soupe de mélange de muesli dans une coupe. Épépiner une demi-pomme, éplucher une moitié banane, couper le tout en tranches et l'ajouter à la préparation. Mélanger avec 150 ml de lait et un peu de jus de citron. Parsemer une c. à soupe de vermicelles de chocolat.

Mettre 3 c. à soupe de mélange de muesli dans une coupe, peler 1 kiwi et 1/2 orange, les couper en tranches. Verser par-dessus 4 c. à soupe de faisselle et mélanger le tout avec 1 c. à café de miel.

Mettre 3 c. à soupe de mélange de muesli dans une coupe. Mélanger avec 2 c. à soupe de morceaux d'ananas en boîte, 100 ml de babeurre et 2 c. à soupe de jus d'ananas.

Mettre 3 c. à soupe de mélange de muesli dans une coupe. Éplucher 1/2 poire, la couper en tranches, couper en lamelles 3 abricots secs et les ajouter au mélange. Verser par-dessus 2 c. à soupe de crème fleurette, 100 ml de lait et mélanger avec 1 c. à café de miel.

Mettre 3 c. à soupe de mélange de muesli dans une coupe. Laver 100 g de raisin, couper les grains en deux et les mélanger avec 150 ml de kéfir et 1 c. à café de sucre roux.

Mettre 3 c. à soupe de mélange de muesli dans une coupe. Mélanger avec 1/2 pot de yaourt à boire (75 g), 1 c. à café de miel et 50 g de framboises (env. 3 c. à soupe). Parsemer 1 c. à soupe de graines de potiron.

LE MIDI

L'école n'est pas un jeu. C'est pourquoi les mères avisées ne demandent pas aux enfants à peine rentrés à la maison de se mettre à table. Il faut d'abord les laisser souffler un peu, raconter tout ce qui s'est passé puis les faire manger tranquillement. Par contre, un enfant qui a cours plus longtemps trouvera son assiette déjà préparée et la mettra lui-même dans le four micro-ondes. Les inquiètes demanderont : „ça n'est pas risqué de les laisser faire ça?". Mais les mères, en particulier celles qui ont une activité professionnelle, apprennent à la longue à confier à leurs enfants un certain nombre de tâches dans la cuisine – et aussi à utiliser les appareils modernes. La plupart des filles et des garçons ont même plaisir à faire la cuisine eux-mêmes; en particulier quand ils sont vraiment guidés par un livre de recettes, comme celui-ci. Nos propositions, dans ce gros chapitre, vont du repas simple au menu le plus complet, que l'on peut composer soi-même. Et chacune des recettes s'attache à respecter le goût des enfants et leurs besoins nutritionnels. D'ailleurs les adultes eux aussi rêvent de ces plats. C'est pourquoi, lorsqu'il arrive que le repas chaud ne soit pris que le soir (il est possible d'inverser les repas), c'est alors le père qui, parti toute la journée et peu gâté le midi, sera content d'avoir un bon dîner.

Potage aux pommes de terre

500 g de pommes de terre
1 poireau
1 oignon
30 g de lard fumé
1 c. à soupe d'huile
1 bouillon de viande chaud
1 carotte
sel
2 tranches de pain de mie
20 g de margarine
1 c. à soupe de persil hâché

1. Éplucher les pommes de terre et les réserver, après les avoir recouvertes d'eau.
2. Nettoyer le poireau, le laver et le couper en rondelles. Peler et couper l'oignon en petits dés.
3. Couper le lard en petits dés et le faire fondre dans l'huile chaude de la marmite. Ajouter l'oignon et le poireau et les faire revenir 5 min.
4. Verser le bouillon de viande, le porter à ébullition.
5. Couper les pommes de terre en petits dés, les mettre dans le bouillon et porter à nouveau à ébullition.
6. Éplucher la carotte, la laver, la couper en petits dés et l'ajouter à la soupe, saler et faire cuire à feu doux 45 min.
7. Entre-temps couper le pain de mie en dés, le faire dorer dans la margarine bien chaude dans une poêle, laisser refroidir.
8. Parsemer la soupe de croûtons de pain de mie et de persil.

Préparation : env. 25 min
Cuisson : env. 45 min
Par portion env. 1075 kJ / 256 kcal

Velouté de carottes

500 g de petites carottes
500 ml de bouillon de viande instantané (1/2 l)
250 ml de lait (1/4 l)
1 pot de crème (175 g)
poivre du moulin
sel
2 c. à soupe de persil hâché

1. Laver et gratter les carottes (ou les peler). Les couper en grosses rondelles.
2. Porter à ébullition 250 ml de bouillon, y faire cuire les carottes 10–15 min pour qu'elles deviennent tendres. Les passer au mixeur à main ou au robot.

Conseil diététique

Les carottes – leur couleur rouge-orange provient surtout d'un pigment naturel, la carotène, qui représente aussi la première étape de la vitame A, liposoluble. La vitamine A est importante pour la peau.

Conseil diététique

Les oignons – même s'ils font souvent pleurer – sont des condiments indispensables à haute valeur nutritive.
Lorsque vous faites revenir des oignons coupés en dés, veillez à ne pas les faire trop brunir ou même noircir.

3. Remettre la purée dans le faitout, mélanger avec le reste de bouillon de viande et le lait et porter à ébullition.
4. Réserver de côté 1 c. à soupe de crème. Mélanger le reste à la soupe. Poivrer et saler.
5. Verser la soupe dans une assiette. Poser au milieu le reste de la crème bien lissée. Parsemer de persil.

Préparation : env. 15 à 20 min
Par portion env. 586 kJ / 140 kcal

Minestrone

- 500 g de panaché de légumes (p. ex. carottes, céleri-branche, chou-fleur, chou vert frisé)
- 50 g de lard
- 1 oignon
- 1 c. à soupe d'huile
- 1 boîte de haricots blancs (poids net 250 g)
- 1/2 paquet de haricots verts surgelés
- 1 litre et demi de bouillon
- sel
- 1/2 c. à café de basilic
- sel aromatisé à l'ail
- 3 petites tomates
- 100 g de riz
- 40 g de fromage râpé

1. Nettoyer et laver les légumes. Couper les carottes et le célerie en rondelles, tailler le chou vert en chiffonnade. Diviser le chou-fleur en bouquets.
2. Couper le lard en dés. Peler les oignons, les couper aussi en dés.
3. Faire chauffer l'huile et faire revenir le lard et les oignons. Ajouter les légumes et les faire revenir aussi quelques minutes.
4. Incorporer les haricots blancs et verts. Verser le bouillon et ajouter les épices. Faire cuire le minestrone env. 10 min.
5. Entre-temps ébouillanter les tomates, retirer la peau et couper en quartiers.
6. Mélanger le riz et laisser encore cuire la soupe 15 à 20 min. Durant les 5 dernières minutes, faire cuire les tomates avec la préparation. Assaisonner le minestrone et servir avec le fromage râpé.

Préparation : env. 30 min
Cuisson : env. 30 min
Par portion env. 1875 kJ / 446 kcal

Velouté à la tomate

1 boîte de tomates (poids net 480 g)
env. 500 ml de bouillon (1/2 l)
1 oignon
30 g de beurre
20 g de farine
100 g de crème liquide
sel, 1 pincée de sucre
paprika doux
2 c. à café de fromage râpé
100 g de crème fouettée

1. Réduire les tomates en purée dans leur jus ou les passer au tamis. Ajouter le bouillon.
2. Peler et hacher finement l'oignon.
3. Faire fondre le beurre, puis revenir l'oignon. Ajouter la farine et la faire revenir quelques instants. Ajouter le bouillon de tomates et bien mélanger. Faire cuire quelques minutes.
4. Verser la crème liquide dans la soupe. Assaisonner avec du sel, du sucre et du paprika.
5. Verser la soupe dans une terrine, y ajouter 1/2 c. à café de fromage râpé et garnir d'un peu de crème fouettée.

Préparation : env. 15 min
Cuisson : quelques min
Par portion env. 1104 kJ / 263 kcal

Vermicelle à l'espagnole

1 poule
légumes pour pot-au-feu
2 gousses d'ail
2 l d'eau
sel
2 grosses tomates
2 courgettes
1 oignon
1 c. à café d'origan
150 g de vermicelle
1 poivron rouge
1 poivron vert
150 g de petits pois surgelés
paprika doux
poivre du moulin (facultatif)

1. Laver la poule, la couper en deux. Nettoyer et laver les légumes pour pot-au-feu et les hacher grossièrement.
2. Mettre la poule, les légumes, les gousses d'ail pelées et l'eau dans une grande marmite et porter l'ensemble à ébullition. Saler et faire cuire à feu doux env. 1 heure et demie. Ne pas couvrir complètement avec le couvercle.

3. Entre-temps ébouillanter les tomates, les plonger dans l'eau froide, leur ôter la peau et les couper en tranches.
4. Laver les courgettes et les couper en dés.
5. Éplucher l'oignon et l'émincer.
6. Sortir la poule de la marmite. Filtrer le bouillon, puis le porter à nouveau à ébullition. Ajouter les légumes déjà préparés et l'origan et porter de nouveau à ébullition.
7. Mettre les pâtes dans la soupe et les faire cuire 10 min.
8. Entre-temps couper les poivrons en deux, en retirer le pédoncule et les graines, les laver et les couper en fines lanières.
9. Retirer la peau de la poule, détacher la chair de l'os par gros morceaux.
10. Mettre le poivron, les petits pois et la viande dans la soupe et les faire cuire encore 5 min.
11. Assaisonner la soupe en ajoutant du paprika, du sel et éventuellement du poivre, verser dans une terrine.

Préparation : env. 40 min
Cuisson : env. 2 h
Par portion env. 4150 kJ / 992 kcal

Velouté d'épinards au blé vert

- 50 g de blé vert
- 300 ml d'eau
- 1 oignon
- 1 cuillérée à soupe d'huile de tournesol
- 500 ml de bouillon de viande instantané (1/2 l)
- 125 ml de lait
- 1 paquet d'épinards surgelés (300 g)
- 1 pot de crème (175 g)
- 1 c. à café de fécule
- sel, noix de muscade râpée

1. Faire tremper le blé vert dans l'eau pendant la nuit.
2. Peler les oignons, les hacher finement. Egoutter le blé vert (conserver l'eau de trempage).
3. Faire chauffer l'huile, faire revenir les oignons. Ajouter le blé vert et le faire revenir avec les oignons en remuant env. 3 min.
4. Verser sur les oignons l'eau du blé vert, le bouillon et le lait et faire cuire le tout à feu doux env. 20 min.
5. Ajouter les épinards surgelés et les faire décongeler dans la soupe. Porter à ébullition. Remuer de temps en temps.
6. Mélanger la crème et la fécule pour épaissir la soupe. Porter à ébullition.
7. Saler et ajouter de la noix de muscade râpée.

Préparation : env. 10 min
(sans durée de trempage)
Cuisson : env. 25 min
Par portion env. 636 kJ / 152 kcal

Nage de fruits rouges

500 g de fruits rouges (p. ex. framboises, mûres, cassis, myrtilles)
3 c. à soupe de jus de citron
1 sachet de sucre vanillé
75 g de sucre
1 pot de babeurre pur (500 ml)
4 c. à soupe de flocons d'avoine fine fleur (40 g)
2 c. à soupe de noisettes en poudre

1. Laver les fruits rouges et les trier. En réserver quelques-uns pour la décoration. Écraser le reste à la fourchette.
2. Ajouter aux fruits écrasés le jus de citron, le sucre vanillé et le sucre, bien mélanger et laisser reposer le tout quelques instants.
3. Répartir un tiers des baies dans 4 assiettes creuses. Mélanger le reste avec le babeurre.
4. Ajouter les flocons d'avoine et disposer la nage dans les assiettes. Parsemer de noisettes en poudre. Décorer avec les fruits réservés.

Préparation : env. 20 min
Par portion env. 1085 kJ / 259 kcal

Conseil diététique

Les flocons d'avoine – un aliment fabriqué avec la céréale complète. L'avoine est écrasée pour en extraire les flocons. Par ce processus, on obtient des flocons de taille et de consistance différentes. Les flocons d'avoine plus fins, appelés „fine fleur", sont surtout utilisés pour les bouillies ou des plats semblables. Ils se lient rapidement avec le liquide choisi. Par contre, les flocons plus grossiers restent carquants plus longtemps dans les liquides comme le lait ou le jus de fruit et sont donc parfaits pour préparer un muesli. Les flocons d'avoine devraient faire partie de l'alimentation quotidienne. Ils contiennent des protéines à haute valeur biologique, beaucoup d'acides gras non saturés, des vitamines, des sels minéraux et des fibres. Les flocons d'avoine sont donc un aliment idéal pour préparer un petit déjeuner ou un dessert sain. Les flocons d'avoine se conservent au frais et à un endroit sec.

Nage de cerises

2 pots de kéfir allégé (de 500 ml)
60 g de sucre
1 c. à café de cannelle en poudre
50 g de noisettes en poudre
200 g de griottes dénoyautées en pot
2 c. à soupe de raisins secs

1. Mélanger le kéfir avec le sucre, la cannelle et les noisettes. Mettre au froid.
2. Disposer dans 4 assiettes creuses des griottes et des raisins secs.
3. Verser le kéfir. Servir très frais.

Préparation : env. 5 min
Par portion env. 1365 kJ / 326 kcal

MA PAGE RECETTE

Soupe aux légumes et saucisses

Pour 4 portions, il te faut :

- 2 poireaux
- 200 g de carottes
- 1 l d'eau bouillante
- 1 cube de bouillon de viande
- 100 g de macaroni
- 4 saucisses de Francfort (de 80 g chacune)
- 1 paquet d'herbes aromatiques surgelées

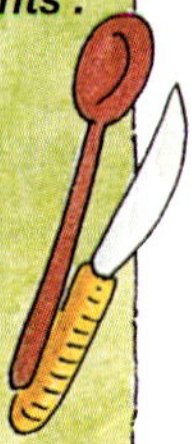

tu réunis les ustensiles suivants :

1 couteau de cuisine
1 couteau économe
1 planche à découper
1 verre gradué
1 faitout avec couvercle
1 cuillère à sauce
1 balance

MA PAGE RECETTE

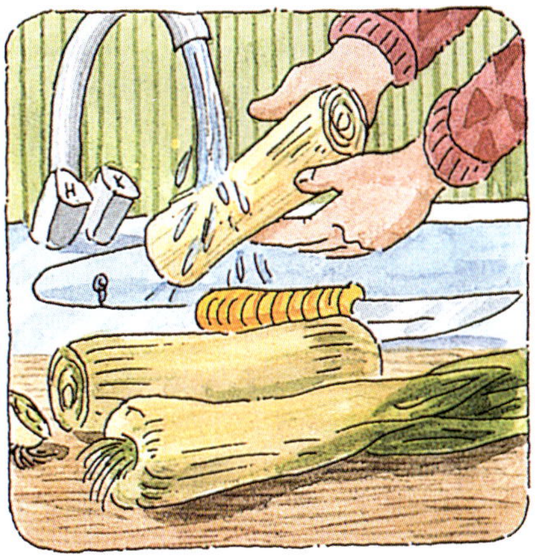

1. Couper la partie vert foncé des feuilles. Laver soigneusement les poireaux.

2. Couper le poireau en rondelles d'env. 1 cm d'épaisseur.

3. Éplucher les carottes avec le couteau économe.

4. Laver les carottes et les couper en dés.

5. Verser l'eau dans un faitout, la faire chauffer et y faire fondre le cube. Régler sur feu vif (position 3 ou 12) pour porter le bouillon à ébullition.

6. Ajouter les poireaux, les carottes et les macaroni au bouillon, remuer, porter à ébullition.

7. Faire cuire 10 min à feu doux (bouton sur position 1 ou 4).

8. Couper les saucisses en rondelles. Les mettre dans la soupe et les faire chauffer 5 min.

9. Ajouter les herbes à la soupe, mélanger. Goûter pour savoir si la soupe est assez salée.
Par portion env. 1510 kJ/360 kcal

Gratin de Rascasse

pour 2 portions

- 1 paquet d'épinards en branche surgelés (300 g)
- 300 g de pommes de terre en robe des champs
- 400 g de filets de rascasse
- jus de citron, sel
- beurre pour le moule
- poivre
- 1 brique de tomato al gusto aux poivrons, courgettes et oignons
- 100 g de pecorino sicilien ou d'emmental (40 % de matières grasses)
- 2 c. à soupe de chapelure
- 1 c. à soupe de beurre

Conseil diététique

Rascasse, carrelets et autres poissons de mer – un précieux apport en iode. Comme les autres aliments fournissent relativement peu d'iode, il faudrait prévoir un repas de poisson de mer par semaine, grillé ou au court-bouillon, plat très riche en protéines et pourtant maigre. Par exemple, 100 g de rascasse représentent 18 g de protéines mais moins de 4 g de matières grasses. La valeur calorique se situe autour de 110 kcal (460 kJ).

1. Faire décongeler les épinards. Peler les pommes de terre et les couper en tranches.
2. Arroser de jus de citron les filets de poisson et saler.
3. Graisser un moule à gratin avec du beurre. Disposer les tranches de pommes de terre, saler et poivrer. Faire égoutter les épinards et les répartir sur les pommes de terre. Poser les filets sur les épinards, napper de tomato al gusto.
4. Râper le fromage, le mélanger à la chapelure, le parsemer sur le gratin et ajouter les flocons de beurre.
5. Mettre le gratin au four préchauffé, le faire cuire env. 30 min.

Préparation : env. 15 min
Cuisson : env. 30 min
Four électr. 200 °C / gaz th. 3
Par portion env. 1425 kJ / 340 kcal

Filets de carrelet aux légumes et au riz

200 g de riz à grains longs
400 ml d'eau, sel
1 c. à café de beurre
400 g de filets de carrelet
jus de citron pour arroser
2 paquets de macédoine surgelée (de 300 g chacun)
2 c. à soupe d'huile
poivre
1 c. à soupe d'aneth haché

1. Verser en pluie le riz dans l'eau bouillante, y ajouter le beurre. Faire gonfler le riz 20 min, à feu doux.
2. Laver les filets de carrelet, les essuyer et les arroser de jus de citron.
3. Préparer la macédoine selon les indications figurant sur l'emballage.
4. Essuyer les filets de carrelet, les saler et les faire frire dans l'huile bouillante 2 min de chaque côté.
5. Dresser sur un plat le riz, les légumes et les carrelets et parsemer d'aneth.

Préparation : env. 10 min
Cuisson : env. 30 min
Par portion env. 1758 kJ / 418 kcal

Fricassée de poulet

1 kg de blanc de poulet avec os
1 l d'eau, sel
200 g de petits oignons grelots
40 g de beurre ou de margarine
40 g de farine
200 g de crème liquide
jus de citron ou de limette
pour assaisonnement
1 pincée de sucre
1 paquet de petits pois surgelés (250 g)
(facultatif) tranches de limettes pour décorer

1. Rincer le blanc de poulet, le mettre dans l'eau salée, porter à ébullition. Le faire cuire env. 25 min.
2. Nettoyer les petits oignons, les laver et les couper en rondelles.
3. Retirer les blancs de poulet. Détacher la chair des os et la couper en petits morceaux. Filtrer le bouillon et en garder 400 ml.
4. Faire fondre la graisse dans une marmite, y faire suer la farine doucement pour éviter les grumeaux. Verser le bouillon de poulet et la crème liquide et bien mélanger au fouet. Faire cuire la sauce quelques minutes.
5. Assaisonner la sauce de sel, de jus de citron ou de limette, et de sucre. Mélanger les oignons et les petits pois et les faire cuire 5 min.
6. Incorporer délicatement la chair de poulet. Faire encore cuire le tout et assaisonner.
7. Dresser la fricassée sur les assiettes et décorer éventuellement de tranches de limettes ou de citron.

Préparation : env. 25 min
Cuisson : env. 40 min
Par portion env. 2251 kJ / 536 kcal

Goulache de bœuf

- 500 g de petits oignons
- 2 grosses tomates (300 g)
- 700 g de bœuf en morceaux
- 20 g de beurre concentré
- 250 ml de bouillon, sel, poivre
- 1 c. à soupe de paprika doux
- 1 feuille de laurier
- 6 baies de genièvre
- (facultatif) un peu de marjolaine
- 1 c. à café de marmelade d'airelles
- 1 pot de crème (150 g)

1. Éplucher les oignons et les couper en quatre. Ebouillanter les tomates, les peler, les épépiner et les couper en petits morceaux.
2. Faire revenir à feu vif les morceaux de viande dans le beurre concentré. Ajouter les oignons et les faire revenir avec la viande jusqu'à ce qu'ils soient dorés.
3. Verser le bouillon, ajouter les épices et les tomates et faire mijoter la goulache pendant env. 1 heure et demie sur feu doux.
4. Mélanger les airelles à la crème, les incorporer à la goulache. Rectifier l'assaisonnement.

Préparation : env. 25 min
Cuisson : env. 1 heure 3/4
Par portion env. 1903 kJ / 453 kcal

Brochettes

- 1 gros poivron vert
- 8 petits oignons
- 300 g d'échine de porc désossée
- 1 saucisse de Francfort (100 g)
- 8 minces tranches de lard (120 g)
- 3 c. à soupe d'huile
- tabasco
- sel aromatisé à l'ail, sel
- 1 c. à café de persil finement haché

Conseil diététique

Brochettes – une composition aromatique de viande et de légumes. Vous pouvez bien sûr choisir différentes sortes de légumes, p. ex. courgettes, champignons ou tomates. Donnez à vos enfants l'occasion de confectionner des brochettes „à la carte". Cela leur plaira certainement beaucoup.

1. Couper le poivron en deux, en retirer les graines, le laver et le couper en cubes d'env. 2 cm. Couper les oignons.
2. Couper l'échine de porc en dés de 2 cm env., la saucisse en rondelles de 1 cm. Rouler les tranches de lard.
3. Faire préchauffer le grilloir.
4. Faire 4 brochettes en alternant les ingrédients. Mélanger l'huile avec le tabasco, le sel aromatisé à l'ail et le persil et en badigeonner les brochettes de tous les côtés.
5. Mettre les brochettes sur une grille et les enfourner sous le grilloir. (Placer le lèchefrite en dessous). Faire griller 4 à 5 min des deux côtés. Saler seulement après.

Préparation : env. 15 min
Cuisson: env. 10 min
Par portion env. 2522 kJ/600 kcal

Escalopes de dinde avec pommes sautées

750 g de pommes de terre	
40 g de margarine, sel	
4 escalopes de dinde (de 150 g chacune)	
romarin, (facultatif) poivre	
10 g de margarine	
paprika doux	
1 boîte de maïs (poids net 285 g)	

1. Laver les pommes de terre et les faire cuire en robe des champs. Jeter l'eau de cuisson, peler les pommes de terre et laisser refroidir.
2. Couper les pommes de terre en rondelles. Faire fondre 40 g de margarine dans une poêle, y mettre les pommes de terre, saler et faire revenir.
3. Ajouter du romarin aux escalopes et éventuellement du poivre. Mettre le reste de la margarine dans une deuxième poêle et y faire cuire les escalopes 4 min de chaque côté, saler seulement après.
4. Poudrer les pommes de terre sautées de paprika doux. Incorporer le maïs égoutté et le faire revenir avec le reste quelques instants.
5. Dresser sur une assiette les pommes de terre et les escalopes de dinde.

Préparation : env. 20 min
Cuisson : env. 35 min
Env. 1939 kJ / 461 kcal

Escalope au poivron avec pâtes

- 250 g de fusilli (tricolores si possible)
- 1 c. à soupe d'huile, de sel
- 500 g de poivrons rouges et jaunes
- 1 oignon
- 2 c. à soupe d'huile, paprika
- 4 escalopes de porc (de 150 g chacun)
- 2 c. à soupe d'huile pour la cuisson
- 100 ml de bouillon de viande (instantané)
- 100 g de crème fleurette
- 1 c. à soupe de ketchup de tomates
- 1 c. à café de roux brun (instantané)

Conseil diététique

Les pâtes multicolores – les enfants en raffolent.
L'industrie alimentaire colore les pâtes en y ajoutant du jus de betteraves rouges ou différentes épices. Comme ces adjuvants sont naturels, ils ne sont donc aucunement contestables sur le plan de la santé. Les pâtes rangées à un endroit sec se conservent un an.

1. Mettre les pâtes et l'huile dans l'eau salée bouillante et les laisser cuire env. 10 min. Les faire ensuite égoutter et les garder au chaud.
2. Couper les poivrons en deux, en retirer les graines, les laver et les couper en fines lamelles. Peler les oignons et les hacher.
3. Faire chauffer 2 c. à soupe d'huile, faire revenir les oignons. Ajouter les poivrons et les faire revenir aussi. Ajouter sel et paprika et faire cuire encore 10 min à couvert. Ajouter éventuellement un peu d'eau.
4. Essuyer les escalopes de porc, les faire cuire des deux côtés 4 à 5 min dans 2 c. à soupe d'huile très chaude pour les faire bien dorer. Ajouter du sel et du paprika, réserver au chaud.
5. Déglacer les sucs de cuisson avec du bouillon et de la crème fleurette. Mélanger avec le ketchup et épaissir la sauce avec le roux brun. Rectifier l'assaisonnement (sel, paprika).
6. Dresser sur un grand plat les pâtes, les poivrons et l'escalope. Servir la sauce à part.

Préparation : env. 20 min
Cuisson : env. 30 min
Par portion env. 2835 kJ / 675 kcal

Emincés au curry et aux fruits

1 poivron rouge
1 poivron vert
1 oignon
100 g de champignons de Paris
300 g de blanc de poulet
2 c. à soupe de beurre ou de margarine
1 boîte de macédoine de fruits (poids net 250 g)
1 fond de sauce en sachet (pour 250 ml, 1/4 l)
sel, 1 c. à soupe de curry
1 c. à soupe de jus de citron
250 g de spaghetti
1 c. à soupe d'huile
1 c. à soupe de beurre ou de margarine
2 c. à soupe de persil haché
100 g de crème fleurette

1. Couper les poivrons en deux, en retirer les graines, les laver et les couper en lamelles. Peler et hacher les oignons.
2. Nettoyer les champignons, les laver, les couper en rondelles.
3. Couper les blancs de poulet en dés ou en languettes.
4. Faire fondre la graissé dans une poêle. Y faire légèrement dorer la chair de poulet. Ajouter les poivrons, les oignons et les champignons et faire mijoter le tout.
5. Incorporer la macédoine de fruits avec le jus et 200 ml d'eau et porter à ébullition. Mélanger le fond de sauce en poudre. Ajouter du sel, du curry et du jus de citron.
6. Faire cuire les émincés à feu doux 10 à 12 min.
7. Entre-temps, mettre les spaghetti et 1 c. à soupe d'huile dans l'eau salée bouillante. Les faire cuire env. 10 min. Egoutter les spaghetti. Bien les mélanger dans la graisse et le persil.
8. Ajouter la crème fleurette aux émincés et rectifier l'assaisonnement. Servir avec les spathetti.

Préparation : env. 25 min
Cuisson : env. 25 min
Par portion env. 2524 kJ / 601 kcal

Emincés à la zurichoise

- 1 kg de pommes de terre
- 2 oignons
- 500 g de veau
- 250 g de champignons de Paris
- 1 c. à café de jus de citron
- 60 g de margarine
- sel, 4 c. à soupe d'huile
- 1 c. à soupe de farine
- poivre
- 150 ml d'eau très chaude
- 1 pot de crème (150 g)
- 1 c. à soupe de persil surgelé
- 2 c. à soupe de ciboulette

1. Peler les pommes de terre, les laver et les couper en petits dés.
2. Peler les oignons et les hacher finement. Couper la viande de veau en languettes.
3. Laver les champignons, les couper en tranches et les arroser de jus de citron.
4. Faire fondre la margarine dans une grande poêle, y mettre les dés de pommes de terre et saler.
5. Couvrir la poêle et faire cuire les pommes de terre à feu doux pendant env. 25 min, en les remuant de temps en temps.
6. Entre-temps, faire chauffer 2 c. à soupe d'huile, faire revenir les oignons et les champignons. Les retirer de la poêle.
7. Remettre encore 2 c. à soupe d'huile dans la poêle. Saupoudrer la viande de farine et la faire dorer à feu vif dans l'huile très chaude pendant env. 5 min. Ajouter les oignons et les champignons. Saler et poivrer.
8. Verser l'eau très chaude, ajouter la crème et bien mélanger le tout. Porter à ébullition.
9. Rectifier l'assaisonnement et ajouter le persil.
10. Dresser sur un plat les pommes de terre et les émincés. Saupoudrer de persil.

Préparation : env. 40 min
Cuisson : env. 25 min
Par portion env. 2309 kJ/550 kcal

Haché au maïs

Pour 4 portions, il te faut:

1 botte de carottes nouvelles
2 oignons
3 c. à soupe d'huile
400 g de viande hachée
150 ml d'eau très chaude
1 c. à café de bouillon à saupoudrer
1 boîte de maïs (poids net 285 g)
1/2 c. à café de sel
1/2 c. à café d'origan
5 c. à soupe de ketchup de tomates

tu réunis les ustensiles suivants :
1 couteau de cuisine
1 planche à découper
1 cuillère à soupe
1 poêle avec couvercle
1 spatule pour retourner la viande
1 verre gradué
1 ouvre-boîte
1 cuillère à café

MA PAGE RECETTE

1. Couper les fanes de carottes. Bien laver les carottes et les gratter.

2. Couper les carottes en fines rondelles.

3. Peler les oignons, les couper en dés.

4. Mettre l'huile dans la poêle et la faire chauffer à feu vif (pos. 3 ou 12).

5. Mettre les oignons dans la poêle. Les faire revenir à feu moyen (pos. 2 ou 7) et mélanger.

6. Ajouter la viande hachée, la faire revenir. La remuer souvent avec la spatule.

7. Mettre les carottes dans la poêle. Ajouter l'eau et le bouillon à saupoudrer.

8. Ouvrir la boîte de maïs. Mettre le maïs dans la poêle et mélanger.

9. Saler et parsemer d'origan.

10. Mettre le couvercle sur la poêle. Faire cuire 5 min.

11. Mélanger le ketchup avec la viande hachée. Porter à ébullition.

12. Éteindre la plaque.
Par portion env. 2032 kJ / 484 kcal

Puits de concombre

- 2 concombres
- 3 petits poivrons rouges
- 250 g de fromage frais double crème
- 75 g de crème
- 1 bouquet d'aneth
- sel
- poivre (facultatif)

1. Laver les concombres et les diviser en deux. Évider les deux moitiés et couper la pulpe en petits dés.
2. Couper les poivrons en deux, en retirer les graines, les laver et les couper en petits dés.
3. Mélanger le fromage frais à la crème. Ajouter les dés de concombre et de poivrons et mélanger le tout.
4. Laver l'aneth, le sécher et le hacher. L'ajouter également à la préparation. Saler et ajouter éventuellement du poivre.
5. Remplir les moitiés de concombre de fromage. Les mettre au réfrigérateur pour une courte durée.
6. Couper les concombre en petits tronçons de 5 cm et les dresser sur un plat.

Préparation : env. 20 min
par portion env. 1220 kJ / 290 kcal

Rouleaux de printemps

- 200 g de carottes
- 1 poireau
- 150 g de germes de soja
- 2 oignons
- 1 c. à soupe d'huile
- 1 gousse d'ail
- sel
- 1 paquet de pâte feuilletée surgelée (250 g)
- 1 blanc d'œuf
- graisse végétale pour la friture

1. Couper les carottes, les laver et les râper grossièrement. Nettoyer le poireau, le laver, le couper en fines rondelles. Rincer les germes de soja et les faire égoutter.
2. Peler les oignons, les hacher finement et les faire fondre dans l'huile sur feu doux. Peler l'ail et le passer au presse-ail. Ajouter les légumes préparés et saler. Ajouter un peu d'eau. Faire cuire les légumes à l'étuvée env. 5 min, pour qu'ils restent un peu fermes. Laisser refroidir.
3. Faire décongeler à couvert la pâte feuilletée comme c'est indiqué sur l'emballage. Étaler toutes les feuilles au rouleau (12 x 12 cm). Y placer les légumes en diagonale en formant une sorte de boudin. Badigeonner les bords au blanc d'œuf. Replier les côtés opposés sur les légumes en appuyant légèrement, puis former des rouleaux.
4. Faire frire les rouleaux de printemps dans la graisse végétale à env. 180 °C, 4 à 6 min pour les faire bien dorer. Faire égoutter les rouleaux et les servir très chauds.

Préparation : env. 25 min
Cuisson : env. 10 min
Par portion env. 2007 kJ / 478 kcal

Endives gratinées

- 600 g d'endives
- 1 oignon de taille moyenne
- 20 g de margarine
- sel de mer
- margarine pour le plat
- 1 pot de crème fraîche
- 2 œufs
- noix de muscade
- 1/2 c. à café de curry en poudre
- 100 g de fromage râpé (45 % de mat. grasse)
- 2 c. à soupe de graines de tournesol

1. Nettoyer les endives, les couper en deux et enlever le cône amer. Bien laver les moitiés et les faire égoutter.
2. Peler les oignons et les hacher. Les faire fondre à feu doux dans la margarine bien chaude. Y ajouter les endives. Mettre du sel de mer et faire cuire à l'étuvée 10 min dans une poêle couverte. Ajouter éventuellement un peu d'eau.
3. Graisser le moule de margarine. Y poser les endives égouttées en les répartissant régulièrement.
4. Mélanger la crème fraîche avec les œufs et les épices et verser le tout sur les légumes. Parsemer de fromage et de graines de tournesol.
5. Mettre au four préchauffé et faire gratiner env. 30 min.

Préparation : env. 20 min
Cuisson : env. 40 min
Four électr. 220 °C / gaz th. 4
Par portion : env. 1690 kJ / 402 kcal

Légumes et fromage blanc aux fines herbes

- 500 g de pommes de terre
- 500 g de carottes
- 800 g de courgettes
- 40 g de beurre ou margarine
- 100 ml de bouillon de viande (instantané)
- 300 g de fromage blanc 20 %
- 100 ml de lait
- sel, paprika doux, poivre
- 1 paquet d'herbes aromatiques surgelées
- 1/2 paquet de persil surgelé

1. Peler, laver et couper en bâtonnets les pommes de terre et les carottes. Laver les courgettes et les couper en bâtonnets pas trop minces.
2. Faire chauffer la graisse et faire revenir sur feu doux les légumes et les pommes de terre. Ajouter le bouillon et faire cuire le tout 10 min.

3. Entre-temps, mélanger le fromage blanc avec le lait, les épices et les herbes. Rectifier l'assaisonnement si nécessaire.
4. Servir le fromage blanc aux herbes avec les légumes chauds.

Préparation : env. 20 min
Cuisson : env. 15 min
Par portion env. 1381 kJ / 329 kcal

Ratatouille

1 petit oignon (200 g)
1 gousse d'ail, env. 7 c. à soupe d'huile
375 g d'aubergines
farine
400 g de tomates
400 g de courgettes
400 g de poivrons
huile pour le moule
sel, poivre, 1 c. à café de basilic

1. Peler l'oignon, le couper et l'émincer. Peler la gousse d'ail et la passer au presse-ail.
2. Faire chauffer 2 c. à soupe d'huile dans une poêle et faire suer l'oignon et l'ail puis les retirer.
3. Laver les aubergines, les sécher et les couper en rondelles de 1 cm. Les passer dans la farine. Ajouter un peu d'huile dans la poêle et y faire dorer légèrement les rondelles d'aubergines. Si nécessaire, ajouter à nouveau de l'huile.
4. Ébouillanter les tomates, les passer à l'eau froide, les peler et les couper en tranches. Laver les courgettes et les couper aussi en tranches. Couper les poivrons, en retirer les pépins, les laver et les couper en lamelles.
5. Badigeonner d'huile un plat et y disposer les légumes en couches. Assaisonner de sel, de poivre et de basilic, si possible frais.
6. Mettre le plat au four préchauffé et faire cuire les légumes 50 à 60 min.

Préparation : env. 40 min
Cuisson : env. 70 min
Par portion env. 1089 kJ / 259 kcal

Poêlée de légumes aux œufs

- 500 g de champignons
- 250 g de carottes
- 250 g de poireaux
- 100 g de jambon cru de pays en tranches minces
- 30 g de beurre ou de margarine
- sel, coriandre en poudre
- 5 œufs
- 250 g de crème liquide
- poivre du moulin
- 1 bouquet de ciboulette

Conseil diététique

La ciboulette – les brins verts de cet aromate voisin de l'oignon sert à décorer de nombreux plats. Appréciée pour sa fraîcheur qui met en appétit, la ciboulette est riche en sels minéraux et a une haute teneur en vitamine C. C'est pourquoi il faut toujours la parsemer sur la préparation terminée, toute cuisson détruisant une grande partie de ses vitamines. La ciboulette pousse très bien en pot sur le balcon ou au jardin.

1. Brosser les champignons, les laver et les couper en deux.
2. Éplucher les carottes, nettoyer et laver les poireaux et couper le tout en fines rondelles.
3. Couper le jambon en fines lamelles.
4. Faire chauffer la graisse et faire revenir le jambon. Ajouter les champignons et les carottes et faire cuire le tout à feu doux pendant 5 min.
5. Incorporer les poireaux et les faire cuire avec le reste quelques instants. Ajouter du sel et du coriandre en poudre.
6. Battre les œufs, la crème liquide, le sel et le poivre, napper sur les légumes.
7. Faire prendre à feu moyen 8 à 10 min.
8. Laver la ciboulette, l'éponger et la ciseler. Parsemer sur la poêlée de légumes.

Préparation : env. 25 min
Cuisson : env. 15 min
Par portion : env. 1997 kJ / 475 kcal

Galettes de chou-rave

- 1 kg de gros choux-raves
- sel
- 1 bouquet de persil
- 1 bouquet de basilic
- 50 g d'amandes en poudre
- 8 c. à soupe d'huile
- poivre (facultatif)
- 1 bouquet de ciboulette
- 2 c. à soupe de chapelure
- 75 g de fromage râpé (p. ex. parmesan)
- 1 œuf
- 2 c. à soupe de farine
- beurre ou margarine pour faire frire

1. Éplucher les choux-raves et les couper en rondelles de 1 cm. Les mettre dans l'eau bouillante salée et les faire cuire 8 à 10 min. Laisser égoutter.
2. Pour le pistou: laver les herbes, les éponger et les hacher finement. Les mélanger aux amandes et à l'huile. Saler et ajouter éventuellement du poivre.
3. Laver la ciboulette, l'éponger et la ciseler. La mélanger à la chapelure et au fromage râpé. Casser l'œuf.
4. Passer les rondelles de chou-rave dans la farine, puis dans l'œuf, puis dans le mélange de fromage. Faire rissoler de chaque côté dans la graisse chaude pendant 2 ou 3 minutes.
5. Servir les rondelles de chou-rave avec le pistou.

Préparation : env. 30 min
Cuisson : env. 25 min
Par portion: env. 2110 kJ / 503 kcal

Poireaux en sauce

4 poireaux (env. 1 kg)
sel
80 g de beurre ou margarine
2 c. à soupe de crème fraîche
1 c. à soupe de moutarde douce
jus de citron pour l'assaisonnement
1 œuf dur

1. Nettoyer les poireaux, les laver soigneusement et les diviser éventuellement en deux moitiés. Les faire cuire dans l'eau bouillante salée env. 20 min. Laisser égoutter.
2. Faire chauffer le beurre ou la margarine, mélanger avec la crème fraîche, la moutarde et le jus de citron, ajouter éventuellement du sel.
3. Écaler et hacher l'œuf. En mettre la moitié dans la sauce.
4. Dresser les poireaux sur un plat, napper de sauce très chaude et parsemer des petits morceaux d'œuf restants.

Préparation : env. 15 min
Cuisson : env. 20 min
Par portion : env. 1125 kJ / 268 kcal

Conseil diététique

Les épinards – un légume qui se récolte au printemps, en automne et en hiver. Les épinards d'hiver sont en général un plus plus épais que les épinards d'été, plus fins. On distingue les pousses d'épinard et les épinards en branche: les pousses d'épinard sont utilisées intégralement alors que, concernant les épinards en branche, ce sont seulement les feuilles qui sont récoltées. Les épinards contiennent beaucoup de protéines, de vitamine C, de carotène ainsi que des sels minéraux. De plus, ils contiennent de l'acide oxalique, une substance qui se combine avec le calcium. Pour éviter cet effet indésirable, il vaut mieux toujours ajouter du lait ou un produit laitier à un plat d'épinards. On fait souvent l'éloge des épinards pour leur forte teneur en fer : ceci est faux a rumeur. Ne forcez donc pas votre enfant à manger des épinards pour cette raison. Peut-être aura-t-il envie d'en manger de son plein gré, surtout si vous les lui présentez comme ici, avec des tomates à la mozzarella.

Epinards en branche aux tomates

400 g d'épinards
1 oignon
2 grosses tomates (200 g)
30 g de beurre ou de margarine pour faire revenir
sel
poivre
de plus :
50 g de mozzarella

1. Trier et laver les épinards. Les chauffer dans une casserole pour les faire fondre. Bien les égoutter.
2. Peler les oignons et les hacher. Laver et couper les tomates en tranches.
3. Faire chauffer la graisse et faire revenir les oignons à feu doux. Bien mélanger les épinards, saler et poivrer et poser les tomates par-dessus. Faire encore cuire 5 min.
4. Couper la mozzarella en dés, la répartir sur les épinards dressés dans un plat.

Préparation : env. 30 min
Cuisson : 10 à 15 min
Par portion : env. 604 kJ / 144 kcal

Potée aux haricots

750 g de haricots verts
600 g de petites carottes
300 g de filet de porc
1 oignon,
3 c. à soupe d'huile
150 ml de bouillon de viande
1 bouquette de sarriette, sel

1. Enlever les fils des haricots. Les laver et les casser en deux. Éplucher et laver les pommes de terre et les couper en deux moitiés dans le sense de la longueur.
2. Couper le filet de porc en dés. Peler les oignons et les hacher finement.
3. Faire chauffer l'huile et faire revenir la viande, puis la retirer de la poêle. Faire revenir les pommes de terre et les oignons dans la même graisse pour les faire bien dorer.
4. Ajouter les haricots, la viande et le bouillon, porter à ébullition. Mettre la sarriette lavée dans la marmite, ajouter un peu de sel et faire cuire env. 30 min.
5. Rectifier encore une fois l'assaisonnement.

Préparation : env. 20 min
Cuisson : env. 40 min
Par portion : env. 1352 kJ / 322 kcal

Conseil diététique

Les haricots – comme les petits pois et les lentilles – sont des légumineuses. Les graines en général blanches ainsi que les gousses sont comestibles. Les haricots sont riches en protéines végétales, en fibres, en vitamines et en minéraux. Veillez à acheter des haricots bien frais. Les haricots crus contiennent un composant toxique qu'on appelle la phasine: il ne faut donc jamais manger de haricots crus, ceci pouvant provoquer intoxications, diarrhées et vomissements. La cuisson détruit la phasine, rendant les haricots comestibles. Un aromate idéal pour les haricots: la sarriette, que l'on devra toujours ajouter juste avant la fin de la cuisson, pour qu'elle développe tout son arôme. Si vous ne trouvez pas de sarriette fraîche, achetez-la séchée ou en poudre.

Pommes de terre à la béchamel et aux œufs

750 g de pommes de terre
4 œufs
2 sachets de sauce blanche (de 250 ml chacun)
1 bouquet de persil

1. Laver soigneusement les pommes de terre et les faire cuire en robe des champs 20 min. Verser l'eau de cuisson et peler.
2. Mettre les œufs dans l'eau bouillante et les faire cuire 8 min. Les refroidir à l'eau froide.
3. Couper les pommes de terre en tranches.
4. Préparer la sauce blanche selon le mode d'emploi indiqué sur le sachet. Ajouter les tranches de pommes de terre et mélanger délicatement. Continuer à faire chauffer.
5. Laver le persil, l'éponger et le hacher. Le mélanger aux pommes de terre.
6. Ecaler les œufs, les couper en deux et les servir avec les pommes de terre à la béchamel.

Préparation env. 20 min
Cuisson : env. 30 min
Par portion : env. 1260 kJ / 300 kcal

Rösti et jardinière de légumes

2 paquets de macédoine surgelée (de 300 g chacun)
1 paquet de rösti de pommes de terre surgelé (300 g)
huile pour frire
1 pot de crème fraîche (150 g)
2 c. à soupe de persil
100 g de fromage blanc (20 %)
1/2 paquet d'herbes aromatiques surgelées
Sel
Conseil diététique

Conseil diététique

La macédoine – souvent un mélange coloré de carottes, petits pois, haricots, brocolis et chou-fleur. Comme les légumes sont surgelés aussitôt après la récolte, les vitamines sont en grande partie conservées. Ainsi, vous pouvez proposer ce mélange de légumes toute l'année. Et particulièrement en hiver, lorsque le choix en légumes frais est très réduit – que ceux-ci ont été souvent longtemps entreposés et qu'ils ont donc perdu des vitamines – les légumes surgelés sont un enrichissement pour le menu quotidien.

1. Faire cuire la macédoine selon le mode d'emploi indiqué sur l'emballage, la faire égoutter.
2. Faire bien rissoler les rösti dans la graisse très chaude.
3. Mélanger 1/2 pot de crème fraîche et le persil aux légumes.
4. Mélanger le reste de la crème fraîche au fromage blanc et aux herbes. Saler.
5. Dresser les rösti sur un plat. Les servir avec les légumes et la crème aux herbes aromatiques.

Préparation : env. 15 min
Cuisson : env. 15 min
Env. 1407 kJ / 335 kcal

Rösti de légumes avec yaourt aux fines herbes

- 500 g de pommes de terre
- 800 g de carottes
- 2 bouquets de ciboulette
- 3 œufs
- sel
- 1 c. à café de curry
- poivre (facultatif)
- huile pour la cuisson
- 2 pots de yaourt à boire (de 150 g chacun)

1. Peler les pommes de terre et les carottes avec un couteau économe, les couper et les râper grossièrement.
2. Laver la ciboulette, l'éponger et en ciseler un bouquet.
3. Bien mélanger les pommes de terre, les carottes, les œufs, la ciboulette et les épices.
4. Faire chauffer l'huile dans une poêle et y faire rissoler des petits rösti. Les mettre au chaud.
5. Mélanger le yaourt au reste de ciboulette. Saler et éventuellement poivrer.
6. Servir le yaourt aux herbes avec les rösti.

Préparation : env. 20 min
Cuisson : env. 5 min par poêlée
Par portion : env. 1482 kJ / 353 kcal

Poêlée de pommes de terre

pour 3 portions

- 600 g de pommes de terre
- 150 g de jambon cuit
- 2 c. à soupe de beurre concentré (20 g)
- 200 g de fromage frais double crème aux herbes
- 150 ml de lait
- 1 bouquet de ciboulette
- 1 bouquet de persil

1. Peler et laver les pommes de terre, les couper en tranches fines. Couper le jambon en languettes.
2. Faire chauffer le beurre concentré dans une poêle et y faire revenir les pommes de terre. Ajouter le jambon et le faire aussi revenir avec le tout.
3. Bien mélanger le fromage frais et le lait, les mettre dans la poêle.
4. Faire mijoter les pommes de terre dans la poêle fermée, à feu doux 20 min.
5. Entre-temps, laver les herbes, les éponger. Ciseler la ciboulette, hacher le persil.
6. Mélanger les herbes aux pommes de terre.

Préparation : env. 20 min
Cuisson : env. 25 min
Par portion env. 2293 kJ / 546 kcal

Roulé de pommes de terre

pour 2 portions

- poudre à croquettes (500 g)
- 250 ml d'eau (1/4 l)
- 1/2 petit pain (25 g)
- 1 petit oignon
- 150 g de mélange de haché
- 1 c. à soupe de concentré de tomates, 1 œuf
- sel, poivre, paprika
- épices pour pizza
- margarine pour la cuisson

1. Verser la poudre à croquettes dans l'eau froide et laisser gonfler 10 min.
2. Entre-temps, faire tremper la moitié du petit pain. Hacher finement les oignons.
3. Mettre la viande hachée dans une terrine. Presser le petit pain, ajouter oignons, concentré de tomates, œuf et épices et bien mélanger le tout avec le fouet à crochets du mixeur à main.
4. Abaisser la pâte de pommes de terre en un rectangle d'1 cm env. sur une feuille alu, y étaler régulièrement la viande hachée (laisser les bords libres). En soulevant la feuille alu du petit côté, former un roulé.
5. Couper le roulé de pommes de terre en tranches de 2 cm, les faire bien dorer des deux côtés à la margarine.

Préparation : env. 30 min
Cuisson : env. 5 min par poêlée
Par portion : env. 2282 kJ / 543 kcal

Gratin de pommes de terre

- 500 g d'oignons
- 1 c. à soupe d'huile
- 30 g de beurre
- 800 g de pommes de terre
- graisse pour le plat
- sel
- poivre blanc (facultatif)
- 250 g de crème fleurette (1/4 l)
- 100 ml de lait
- 20 g de fromage râpé
- noix de muscade
- 2 c. à soupe de chapelure
- 30 g de beurre
- 1 c. à soupe de persil haché

Conseil diététique

Les pommes de terre – le commerce propose une grande variété de pommes de terre. A l'achat, il faudra les choisir selon leurs propriétés à la cuisson: à chair ferme pour les salades, les pommes vapeur, en robe des champs, sautées; à chair plutôt ferme pour les pommes de terre sautées et les frites et à chair farineuse pour la purée de pomme de terre, les galettes, les knödel, les soupes et les potées. Les pommes de terre doivent être consommées cuites, car l'amidon cru de la pomme de terre ne peut être ni digéré ni assimilé. Même si les enfants aiment bien manger des pommes de terre crues, il ne faut qu'ils en abusent. Lors de l'épluchage, retirer largement les traces vertes. Elles contiennent de la solanine qui se forme dans les pommes de terre pas encore mûres et les parties devenues vertes à la lumière.

1. Peler les oignons et les émincer finement.
2. Faire chauffer l'huile et le beurre et y faire fondre les oignons sans les laisser colorer.
3. Peler et laver les pommes de terre, les couper en fins bâtonnets avec un couteau tranchant.
4. Graisser un plat et le remplir en alternant pommes de terre et oignons. Saler et éventuellement poivrer chaque couche. Terminer par une couche de pommes de terre.
5. Mélanger la crème fleurette avec le lait, le fromage et la noix de muscade râpée, napper les pommes de terre.
6. Fermer soigneusement le plat par un couvercle ou une feuille alu. Enfourner dans le four préchauffé et faire cuire 40 min.
7. Retirer la feuille alu. Parsemer le gratin de chapelure et de parcelles de beurre. Saupoudrer de persil et remettre au four encore 20 min.

Préparation : env. 40 min
Cuisson : env. 60 min
Four électr. : 200–220 °C
Four au gaz : th. 3–4
Par portion : env. 2520 kJ / 600 kcal

Galettes de pommes de terre à la compote de pommes

pour 2 portions

galettes de pommes de terre
en sachet (pour 15 galettes)
500 ml d'eau (1/2 l)
graisse végétale pour la cuisson
1 pot de compote de pommes (poids net 350 g)
40 g de sucre

1. Mélanger au fouet la poudre de galettes de pommes de terre dans l'eau froide et laisser gonfler.
2. Chauffer la graisse dans une poêle et y mettre la pâte à la cuillère par petits tas que vous aplatissez. Faire dorer des deux côtés.
3. Servir les galettes de pommes de terre avec la compote et le sucre. Au choix, on peut ajouter des airelles et du sucre à la cannelle, de la confiture ou une savoureuse compote maison composée de fruits frais.

Préparation : env. 5 min
Cuisson : env. 5 min par poêlée
Par portion : env. 4838 kJ / 1152 kcal

Croque jambon œuf brouillé

pour 2 portions

galettes de pommes de terre en sachet (pour 15 galettes)
1/2 l d'eau
huile pour la cuisson
4 œufs
3 c. à soupe d'eau
sel, muscade
125 g de jambon cuit
10 g de margarine
1 c. à soupe de persil haché

1. Mélanger la poudre de galettes de pommes de terre dans l'eau froide et laisser gonfler 10 min.
2. Chauffer l'huile dans une poêle, former avec la pâte 16 petites galettes et les faire dorer; les tenir au chaud.
3. Œuf brouillé: battre les œufs avec l'eau et les épices. Couper le jambon en dés ou en languettes et l'y incorporer.
4. Faire chauffer la margarine dans une poêle, y mettre l'œuf battu et préparer l'œuf brouillé.
5. Dresser sur un plat 8 galettes de pommes de terre, y répartir l'œuf brouillé et poudrer de persil. Couvrir avec les 8 galettes restantes. Servir aussitôt.

Préparation : env. 10 min
Cuisson : env. 5 min par poêlée
Par portion : env. 5326 kJ / 1268 kcal

Lasagnes vertes

pour 6 portions

1 oignon, 150 g de carottes
2 tiges de céleri-branche
3 c. à soupe d'huile
300 g de mélange de haché
1 boîte de tomates
250 ml de bouillon de viande (1/4 l)
sel, poivre, origan
100 g de crème liquide
60 g de beurre ou de margarine
50 g de farine
500 ml de lait (1/2 l)
muscade, graisse pour le plat
500 g de lasagne vertes
100 g de parmesan râpé

Conseil diététique

Les nouilles – ou pâtes alimentaires – font partie des aliments de base les plus importants. Produites à base de céréales, en particulier de blé, elles fournissent donc un apport de fécule. Les pâtes complètes, contenant les composants de la céréale d'origine, ont une valeur nutritionnelle particulièrement élevée. Grâce à leur teneur en fibres, elles calment parfaitement l'appétit. Préparez donc votre propre lasagne de pâtes complètes.

1. Peler et hacher les oignons. Peler et hacher finement les carottes. Nettoyer le céleri-branche et le couper en fines rondelles.
2. Chauffer l'huile, y faire fondre les oignons en les laissant transparents. Ajouter la viande hachée et les légumes et les faire revenir en remuant. Ajouter les tomates (poids net 240 g) avec leur jus et le bouillon, ajouter les épices et faire réduire la sauce env. 45 mn.
3. Au bout de 30 min, ajouter la crème liquide à la sauce.
4. Faire fondre du beurre ou de la margarine pour la sauce, y mélanger la farine et faire suer quelques instants. Ajouter le lait, remuer la sauce jusqu'à disparition des grumeaux et faire cuire doucement env. 5 min. Poivrer et muscader.
5. Beurrer un plat. Disposer en couches en alternant les lasagnes crues, puis la sauce de viande et de tomates, puis la sauce béchamel et le fromage. Terminer par la sauce béchamel et le fromage.
6. Faire gratiner dans le four préchauffé env. 40 min.

Préparation : env. 40 min
Cuisson : env. 90 min
Four électr. : 200 °C
Four au gaz : th. 3
Par portion : env. 2080 kJ / 495 kcal

Riz à la banane avec foie de volaille

- 500 ml de bouillon de poulet (1/2 l)
- 1 feuille de laurier (facultatif)
- 250 g de riz à grains longs
- 400 de foie de dinde
- 2 pommes acidulées (300 g)
- 3 c. à soupe d'huile
- 2 c. à café de curry en poudre
- 1 c. à café de paprika doux
- sel
- 2 petites bananes (250 g)
- 1 c. à soupe de beurre
- 50 g de cacahuètes grillées
- 1 c. à café de jus de citron

1. Porter le bouillon de poulet – avec éventuellement la feuille de laurier – à ébullition. Ajouter le riz et laisser gonfler env. 20 min à feu doux.
2. Couper le foie en dés de 2 cm env. Laver les pommes, les couper en 4, les épépiner et les couper en morceaux.
3. Confectionner 4 brochettes avec le foie et les pommes en alternat les morceaux.
4. Chauffer l'huile dans une poêle et et y faire cuire les brochettes à feu moyen env. 4 min en les retournant plusieurs fois.
5. Mélanger le curry et le paprika, en parsemer un peu sur les brochettes. Retourner les brochettes dans l'huile de cuisson et les tenir au chaud sur une assiette.
6. Éplucher les bananes et les couper en rondelles.
7. Chauffer le beurre dans l'huile de cuisson et y faire revenir les bananes et les cacahuètes. Ajouter le reste du mélange d'épices, incorporer le riz et assaisonner au jus de citron.
8. Dresser le riz sur une assiette et y poser les brochettes de foie.

Préparation : env. 20 min
Cuisson : env. 25 min
Par portion : env. 1890 kJ / 450 kcal

Risotto d'été

- 1 gros oignon
- 2 gousses d'ail
- 150 g de jambon cuit
- 150 g de champignons
- 250 g de tomates
- 3 c. à soupe d'huile
- 300 g de riz
- 100 g de petits pois surgelés
- 600 ml de bouillon chaud
- 1 pincée de fils de safran (facultatif)
- 1 c. à soupe de beurre
- 50 g d'emmental râpé sel (facultatif)
- 1 c. à soupe de persil haché

1. Peler les oignons et les gousses d'ail et les hacher finement. Couper le jambon en dés.
2. Brosser les champignons, les laver et les couper en deux ou en quatre. Inciser les tomates en croix, les plonger brièvement dans l'eau bouillante, les peler (ôter les pédoncules) et les couper en petits morceaux.
3. Chauffer l'huile, faire fondre les oignons et l'ail sans les laisser colorer. Ajouter le riz et le jambon et les faire revenir doucement.
4. Ajouter les petits pois, les champignons et les tomates, mouiller avec le bouillon et y mélanger éventuellement le safran délayé dans un peu d'eau bouillante.
5. Faire cuire le risotto à couvert à feu doux 20 à 30 min.
6. Incorporer le beurre et la moitié du fromage. Ajouter éventuellement du sel.
7. Dresser le rissoto sur un plat et saupoudrer du reste de fromage et de persil.

Préparation : env. 20 min
Cuisson : env. 30 min
Par portion : env. 2300 kJ / 548 kcal

Spaghetti bolognese

pour 3 portions

- 1 oignon
- 2 gousses d'ail
- 1 petite carotte
- 100 g de céleri-branche
- 300 g de mélange de haché
- 2 c. à soupe d'huile d'olive
- 1 boîte de tomates (poids net 240 g)
- 1 petite boîte de concentré de tomates (70 g)
- 100 ml de bouillon de viande
- 2 c. à café d'origan séché
- sel, poivre
- 1 pincée de sucre
- 300 g de spaghetti
- 1 c. à soupe d'huile
- 75 g de parmesan râpé

1. Peler et couper en dés les oignons et les gousses d'ail. Peler la carotte et la laver, laver le céleri-branche, couper le tout en dés.
2. Faire revenir la viande hachée dans l'huile très chaude. Ajouter les

oignons, l'ail et les légumes et les faire cuire ensemble quelques instants.
3. Ajouter les tomates et leur jus, le concentré de tomates et le bouillon de viande.
4. Faire réduire la sauce à découvert à feu deux env. 20 min. Ajouter l'origan et faire cuire doucement encore 20 min. Saler, poivrer et ajouter du sucre.
5. Entre-temps, mettre les spaghetti et l'huile dans l'eau salée bouillante et les faire cuire env. 10 min. Verser ensuite l'eau de cuisson et faire égoutter.
6. Dresser les spaghetti sur un plat préchauffé. Napper de sauce et parsemer de parmesan.

Préparation : env. 30 min
Cuisson : env. 50 min
Par portion : env. 4120 kJ / 980 kcal

Gratin de nouilles aux champignons

- 250 g de coquillettes
- 1 c. à soupe d'huile
- sel
- 250 g de tomates
- 300 g de champignons
- 200 g de jambon cuit
- 2 c. à soupe d'huile
- 2 c. à soupe de persil haché
- poivre
- margarine pour le plat
- 400 ml de lait (1/2 l)
- 1 c. à café de bouillon à saupoudrer
- 60 g de roux blanc
- 2 c. à soupe de crème aigre
- 30 g de fromage râpé (45 %)

1. Mettre les pâtes et l'huile dans l'eau bouillante salée et faire cuire 10–12 min. Verser l'eau de cuisson. Egoutter.
2. Entre-temps ébouillanter les tomates, ôter la peau et couper en huit.
3. Brosser les champignons, les laver et les couper en tranches. Couper le jambon en petits dés.
4. Chauffer l'huile, y faire revenir doucement les champignons. Ajouter les tomates et le jambon et les faire revenir avec le tout. Ajouter le persil, le sel et le poivre.
5. Graisser un plat. Y mettre la moitié des pâtes, y répartir les légumes, les recouvrir du reste de pâtes ayant été refroidies à l'eau froide.
6. Faire bouillir le lait, battre au fouet le bouillon à saupoudrer et le roux blanc et faire cuire 1 min. Ajouter la crème et rectifier l'assaisonnement.
7. Napper les pâtes de sauce, parsemer de fromage et faire gratiner dans le four préchauffé.

Préparation : env. 40 min
Cuisson : env. 25 min
Four électr. : 200–225 °C
Four à gaz : th. 3–4
Par portion : env. 2537 kJ / 604 kcal

Tortellini aux brocoli

- 500 g de brocoli
- sel
- 250 g de tortellini
- 2 c. à soupe de beurre ou de margarine
- 1 c. à soupe de farine
- 250 g de crème liquide
- 1 pincée de sucre
- 20 g de noix de cajou

1. Parer et laver les brocolis, séparer les petits bouquets. Couper les tiges en petits tronçons de 3 cm.
2. Plonger les brocolis dans l'eau salée bouillante et les faire cuire 8 à 10 min. Les verser dans une passoire (recueillir l'eau de cuisson) et bien les égoutter.
3. Entre-temps, faire cuire aussi les tortellini selon le mode d'emploi indiqué sur l'emballage et bien les égoutter.
4. Faire fondre la graisse, ajouter la farine, faire un roux. Ajouter 125 ml d'eau de cuisson de brocoli (1/8 l) et la crème liquide. Battre la sauce au fouet jusqu'à disparition des grumeaux, laisser cuire à feu doux 5 min. Ajouter du sel et une pincée de sucre.
5. Mettre les brocolis et les tortellini dans la sauce et faire chauffer.
6. Dresser les tortellini dans un plat et parsemer de noix de cajou.

Préparation : env. 10 min
Cuisson : env. 15 min
Par portion : env. 2293 kJ / 546 kcal

Farfalle tricolores

1 botte d'oignons grelots
1 petit poireau
250 g de petites tomates
300 g de farfalle tricolores
1 c. à soupe d'huile
sel
30 g de beurre ou de margarine
1 c. à soupe de persil haché

Conseil diététique

Le poireau – voisin de l'oignon, et qui comme lui dégage un arôme particulièrement intense du fait de ses composés soufrés, est riche en vitamines et en minéraux. On peut utiliser le poireau intégralement: son fût blanc poussant dans la terre, la partie jaune claire et les feuilles vertes.

1. Parer, laver et couper en rondelles les oignons grelots et le poireau.
2. Oter le pédoncule des tomates, plonger celles-ci brièvement dans l'eau bouillante, les passer à l'eau froide et les peler.
Couper les tomates en quatre puis chaque quartier encore en deux.
3. Mettre les pâtes dans l'eau salée bouillante avec 1 c. à soupe d'huile et les laisser cuire 6 à 8 min. Verser l'eau de cuisson et les égoutter.
4. Entre-temps, fondre la graisse et y faire revenir les oignons grelots et le poireau. Ajouter les tomates, saler et faire suer les légumes à couvert à feu doux encore 6 à 8 min.
5. Incorporer les pâtes aux légumes et faire cuire encore le tout.
6. Dresser les farfalle dans une assiette et poudrer de persil.

Préparation : env. 15 min
Cuisson : env. 10 min
Par portion : env. 1667 kJ / 393 kcal

Poêle des Balkans

- 500 g de poivrons
- 1 piment
- 2 oignons
- 1 gousse d'ail
- 2 c. à soupe d'huile
- 250 g de riz à grains longs
- 500 ml de bouillon
- 200 g de cervelas à l'ail
- sel (facultatif)

1. Couper les poivrons en deux, les épépiner, les laver et les couper en dés. Couper le piment aussi en dés.
2. Peler et hacher finement les oignons et la gousse d'ail.
3. Chauffer l'huile dans une poêle, y faire revenir les oignons et la gousse d'ail. Ajouter les légumes en les faisant revenir aussi.
4. Mettre le riz dans la poêle et faire revenir. Mouiller avec le bouillon. Couvrir et faire mijoter le tout env. 20 min.
5. Entre-temps, couper le cevelas en dés, l'incorporer à la préparation et faire chauffer le tout.
6. Ajouter éventuellement du sel.

Préparation : env. 15 min
Cuisson : env. 20 min
Par portion : env. 2108 kJ / 502 kcal

Poêlée de pâtes multicolores

- 250 g de spätzle
- 2 l d'eau, sel
- 1 oignon
- 1 poireau (200 g)
- 4 petites saucisses à cocktail (400 g)
- 2 c. à soupe d'huile
- 1 boîte de tomates (poids net 240 g)
- sel, poivre
- herbes de provence

1. Faire cuire les spätzle dans l'eau salée bouillante pendant 10 à 12 min, verser l'eau de cuisson et égoutter.
2. Entre-temps, peler et hacher finement les oignons. Parer et laver le poi-

reau, le couper en fines rondelles. Couper les petites saucisses en rondelles.

3. Faire chauffer l'huile dans une poêle. Y faire dorer les oignons. Ajouter le poireau et le faire revenir avec le tout. Incorporer les rondelles de petites saucisses et les faire revenir un peu. Ajouter les pâtes en dernier et continuer à faire chauffer le tout.

4. Couper les tomates en petits morceaux avec un long couteau, verser le tout dans une marmite et faire réduire 3 à 4 min. Assaisonner la sauce (sel, poivre et herbes). Napper de sauce la poêlée de pâtes.

Préparation : env. 20 min
Cuisson : env. 20 min
Par portion : env. 1545 kJ / 367 kcal

Toast bonjour les pâtes!

- 1 oignon
- 100 g de salami supérieur
- 100 g de jambon cuit
- 200 g de spaghetti cuits
- 10 olives farcies
- 2 c. à soupe de beurre ou de margarine (20 g)
- 2 c. à soupe de concentré de tomates
- sel
- 1 pincée de sel aromatisé à l'ail
- poivre du moulin
- 1 c. à café d'origan
- 2 c. à soupe de persil haché
- 125 g d'emmental râpé
- 8 tranches de pain de mie
- olives et ketchup de tomates pour la garniture

1. Peler et hacher finement les oignons. Couper le salami et le jambon en petits dés. Hacher grossièrement les spaghetti. Hacher finement les olives.

2. Chauffer la graisse dans une poêle. Y faire revenir l'oignon en dés. Ajouter salami, jambon et spaghetti et faire revenir le tout.

3. Mélanger les olives, le concentré de tomates et les épices avec les pâtes. Ajouter en dernier le persil et la moitié du fromage.

4. Faire griller les tranches de pain de mie, les ranger sur une plaque et répartir dessus la préparation. Saupoudrer du reste de fromage.

5. Faire gratiner les tranches de pain de mie sous le grilloir 4 à 5 min.

6. Avant de servir, décorez à votre gré le toast aux pâtes de moitiés d'olives et de ketchup.

Préparation : env. 20 min
Cuisson : env. 10 min
Par portion : env. 2480 kJ / 590 kcal

Conseil diététique

Les olives – fruits de l'olivier, de 2 à 3 cm de long – peuvent être récoltées soit vertes, soit noires, selon leur maturité.
Après avoir été mises en saumure, elles sont désamérisées puis macèrent dans différentes préparations selon l'aromatisation voulue. Dénoyautées et farcies au poivron ou aux amandes, elles sont alors un savoureux complément. Il faut cependant faire attention: les olives contiennent beaucoup de lipides et sont donc très caloriques.

MA PAGE RECETTE

Spaghetti à la viande hachée

Pour 4 portions, il te faut:

- 2 oignons
- 1 boîte de tomates (poids net 480 g)
- 1 boîte de maïs (poids net 285 g)
- 2 c. à soupe d'huile
- 250 g de haché de bœuf
- 1/2 c. à café de sel
- 1 pointe de poivre
- 1 pointe d'ail en poudre
- 1/2 pot de crème fraîche (75 g)
- 1 c. à soupe d'huile
- 2 c. à café de sel
- 400 g de spaghetti

tu réunis les ustensiles suivants :

1 couteau de cuisine
1 planche à découper
1 ouvre-boîte
1 passoire
1 cuillère à soupe
1 spatule
1 faitout de faible profondeur
1 grande marmite
1 verre gradué
1 cuillère à sauce

MA PAGE RECETTE

1. Tu commences par la sauce : peler les oignons, les couper en deux et les couper en dés.

2. Ouvrir les boîtes, verser le maïs dans une passoire pour le faire égoutter.

3. Faire chauffer l'huile dans le faitout de basse profondeur (pos. 3 ou 12).

4. Y mettre les oignons et la viande hachée et les faire bien revenir (pos. 2 ou 9). Remuer souvent.

5. Mettre les tomates avec leur jus et le maïs dans le faitout. Mélanger. Porter à ébullition.

6. Ajouter le sel, le poivre et l'ail en poudre.

7. Faire cuire la sauce 15 minutes.

8. Maintenant mettre 3 l d'eau, de l'huile et du sel dans la grande marmite et porter à ébullition (pos. 3 ou 12).

9. Mettre les spaghetti dans l'eau en les disposant au bord de la marmite (lorsqu'elles cuisent, elles glissent vers le fond), remuer et porter à ébullition.

10. Faire cuire les spaghetti 10 minutes (pos. 2 ou 8). Ne pas couvrir. Remuer une fois. Verser les spaghetti dans une passoire, les faire égoutter.

11. Mélanger la crème fraîche avec la sauce.

12. Remplir un plat de spaghetti et verser la sauce dessus.
Par portion : env. 3312 kJ / 789 kcal.

Œufs brouillés aux courgettes et poivrons

- 2 courgettes (400 g)
- 500 g de poivrons rouges
- 2 c. à soupe d'huile
- 6 œufs
- 2 c. à soupe de fromage râpé
- sel, poivre
- 2 c. à soupe de margarine
- 4 tranches de pain complet
- 2 c. à soupe de ciboulette ciselée

1. Parer, laver et couper les courgettes en petites rondelles. Couper les poivrons en deux, les épépiner, les laver et les couper aussi en dés.
2. Chauffer l'huile et y faire revenir les légumes 5 à 6 min, les égoutter dans une passoire et les laisser refroidir.
3. Bien mélanger les œufs avec le fromage. Ajouter les légumes, mélanger le tout, saler et poivrer.
4. Faire fondre la margarine dans une grande poêle. Y mettre la préparation et la faire prendre à feu doux en la repoussant toujours à la spatule pour la faire gonfler.
5. Dresser l'œuf brouillé déjà prêt sur les tartines de pain, parsemer de ciboulette et servir aussitôt.

Préparation : env. 15 min
Cuisson : 10 à 12 min
Par portion : env. 936 kJ / 223 kcal

Conseil diététique

Les œufs – la partie comestible comprend le blanc, appelé aussi albumen, et le jaune. La valeur nutritionnelle des œufs provient surtout des protéines qu'ils contiennent, à haute valeur biologique. Par ailleurs, les œufs sont riches en vitamines et en minéraux. Un œuf de poids moyen de 58 g (catégorie 4) fournit 84 kcal (350 kJ).

Omelette sucrée

- pour 2 portions
- 100 g de fromage blanc maigre
- 2 c. à soupe. de crème fleurette, 2 c. à cafe de sucre
- 1 c. à soupe de jus de citron
- 2 œufs
- 1 c. à soupe de lait
- 1 pincée de sel
- 2 c. à café de beurre ou de margarine

1. Mélanger fromage blanc maigre, crème fleurette, sucre et jus de citron et battre le tout avec le fouet pour obtenir une crème onctueuse.
2. Battre les œufs avec du lait et du sel.
3. Faire fondre la graisse dans une petite poêle avec la pâte faire 2 omelettes l'une après l'autre.
4. Remplir les omelettes de fromage blanc et servir aussitôt.

Préparation : env. 10 min
Cuisson : env. 4 min par poêlée
Par portion : env. 940 kJ / 224 kcal

Œufs en sauce à l'aneth avec salade de concombre

- 1 kg de pommes de terre
- sel
- 8 œufs
- 2 sachets de sauce blanche (de 250 ml chacun)
- 2 bouquets d'aneth
- 3 c. à soupe de moutarde
- 1 concombre
- 1 pot de yaourt à boire (150 g)
- 4 c. à soupe de sauce de salade aux herbes sans huile

1. Laver les pommes de terre et les brosser soigneusement. Les faire cuire dans l'eau salée env. 20 min. Puis verser l'eau et les peler.
2. Faire cuire les œufs durs env. 10 min. Les passer à l'eau froide puis les écaler.
3. Entre-temps préparer la sauce selon le mode d'emploi indiqué sur l'emballage.
4. Laver l'aneth, le sécher, le hacher et l'ajouter à la sauce tout comme la moutarde.
5. Laver le concombre et le couper en tranches.
6. Mélanger le yaourth avec la sauce de salade et ajouter éventuellement du sel. Naper de sauce les tranches de concombre.
7. Couper les œufs en deux, les dresser dans la sauce à l'aneth. Servir les pommes de terre et les concombres séparément.

Préparation : env. 20 min
Cuisson : 20 à 30 min
Par portion : env. 1915 kJ / 456 kcal

Conseil diététique

Le concombre – un légume extrêmement riche en eau : 100 g de concombre contiennent 98 g d'eau. C'est pourquoi il vaut mieux ne pas mettre les concombres directement en contact avec du sel car ils dégorgeraient alors trop. Le concombre est très peu calorique : 400 g ne fournissent que 50 kcal (200 kJ).

Crêpe aux épinards

200 g de farine
200 ml de lait
175 ml d'eau minérale
2 œufs
500 g d'épinards en branche
2 oignons
2 gousses d'ail
2 c. à soupe d'huile
400 g de tomates
2 c. à soupe de graines de tournesol
poivre, sel
60 g de beurre concentré
1 œuf, 1 jaune d'œuf
3 c. à soupe de jus de citron
1 pot de crème fraîche (150 g)

1. Pour faire la crêpe, mélanger la farine avec le lait, l'eau minérale, le sel et les œufs. Laisser gonfler la pâte 1/2 heure.
2. Laver les épinards et les égoutter.
3. Peler et hacher finement les oignons et les gousses d'ail.
4. Chauffer l'huile, faire revenir les oignons et l'ail. Ajouter les épinards et les cuire à l'étuvée pour les faire fondre.
5. Laver les tomates, les couper en huit, les ajouter aux épinards et faire cuire le tout quelques minutes. Mélanger les graines de tournesol, saler et poivrer.
6. Avec la pâte, faire 6 crêpes que l'on cuit l'une après l'autre dans le beurre concentré.
7. Pour la sauce: battre l'œuf, le jaune d'œuf et le jus de citron en une masse mousseuse. Ajouter de la crème fraîche.
8. Remplir les crêpes d'épinards. Servir la sauce avec.

Préparation : env. 30 min
Cuisson : 5 min par crêpe
Par portion : env. 2768 kJ / 659 kcal

Omelette fourrée aux légumes

2 oignons grelots
250 g de courgettes
4 tomates
100 g de champignons
50 g de lard
2 c. à soupe d'huile
sel
poivre noir concassé
1/4 c. à café de basilic séché
4 œufs
4 c. à soupe d'eau minérale
1/2 c. à café de sel
1/4 de c. à café de marjolaine séchée
1 c. à café de ciboulette ciselée
40 g de beurre

1. Parer les oignons grelots et les couper en rondelles. Parer, laver et couper les courgettes en dés.
2. Oter le pédoncule des tomates. Plonger quelques instants les tomates dans l'eau bouillante, les refroidir à l'eau froide, les peler et les épépiner. Couper la pulpe en petits dés.
3. Laver et brosser soigneusement les champignons. Les couper en tranches.
4. Couper le lard en petits dés et le faire fondre dans l'huile très chaude. Ajouter les légumes et faire revenir 8 à 10 min. Assaisonner de sel, poivre et basilic.
5. Pour les omelettes, mélanger les œufs avec l'eau minérale, le sel, le poivre, la marjolaine et la ciboulette.
6. Faire cuire 2 omelettes l'une après l'autre dans le beurre très chaud.
7. Disposer les légumes sur chaque moitié d'omelette. Rabattre l'autre moitié sur les légumes.
8. Servir les omelettes aussitôt.

Préparation : env. 20 min
Cuisson : 18 à 20 min
Par portion : env. 1331 kJ / 317 kcal

Conseil diététique

Les légumes – dans la nourriture saine, ils jouent un rôle important : crus, à grignoter en cas de petit creux, ou préparés comme crudités ou cuits à l'étuvée. Comme la variété des légumes proposés dans le commerce est toujours très grande, il y en a pour tous goûts de chacun. Les légumes sont riches en vitamines et minéraux essentiels. Ils sont nourrissants et savoureux mais peu caloriques. En dehors de quelques exceptions, une portion de légumes de 200 g fournit en moyenne 50 kcal (200 kJ). Achetez-les très frais et cuisinez-les de façon à les préserver le plus possible (ne les couper en petits morceaux qu'au dernier moment, ne pas laisser les légumes coupés dans l'eau stagnante, préférer des durées de cuisson courtes, éviter le plus possible de les garder au chaud). De même, il est conseillé d'acheter les légumes de saison : leur valeur nutritionnelle est la meilleure et leur saveur sera appréciée de tous. Il n'est pas judicieux d'acheter des tomates fraîches à Noël, car là aussi, on peut avoir recours aux boîtes. Mais il est bien sûr préférable d'acheter en général des légumes frais.

Omelette aux trois légumes

600 g de pommes de terre
400 g de tomates
800 g de courgettes
6 œufs
sel, poivre, 4 c. à soupe d'huile
1 paquet de ciboulette surgelée

1. Laver soigneusement les pommes de terre, les faire cuire en robe des champs env. 20 min. Verser l'eau et les peler.
2. Entre-temps, nettoyer et laver les tomates et les courgettes et les couper en rondelles.
3. Couper également les pommes de terre en rondelles.
4. Battre les œufs, saler et poivrer.
5. Prendre deux poêles, chauffer 2 c. à soupe d'huile dans chacune d'elles. Répartir les tomates, courgettes et pommes de terre, saler légèrement et faire légèrement rissoler 3 à 5 min.
6. Verser la moitié des œufs battus dans chacune des poêles et faire prendre à feu doux.
7. Saupoudrer de ciboulette quand les poêlées sont prêtes.

Préparation : env. 20 min
Cuisson : env. 30 min
Par portion : env. 1508 kJ / 359 kcal

MA PAGE RECETTE

tu réunis les ustensiles suivants :
2 petites terrines
1 couteau de cuisine
1 fouet
1 cuillère à soupe
1 cuillère à café
1 poêle

Omelette aux bananes

Pour 4 portions, il te faut :

- 1 petite banane
- 1 c. à soupe de jus d'oranges
- 1 c. à café de sucre glace
- 2 œufs
- 1 c. à soupe d'eau
- 1/4 c. à café de sel
- 1 c. à soupe de beurre
- 2 c. à café de sucre parfumé à la cannelle

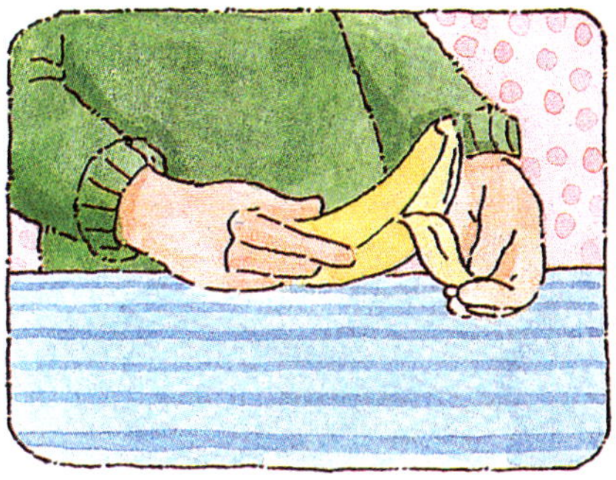

1. Pour fourrer l'omelette, il faut peler la banane.

2. Couper la banane en rondelles, la mettre dans une terrine

3. Ajouter le jus d'oranges et le sucre glace. Bien mélanger.

4. Pour faire l'omelette, il faut casser les œufs en les mettant dans la deuxième terrine. Ajouter de l'eau et du sel.

5. Remuer les œufs avec le fouet mais ne pas les battre pour les rendre mousseux.

6. Faire fondre le beurre sur feu vif (pos. 3 ou 12).

7. Mettre les œufs battus dans la poêle. Les faire cuire sur feu doux (pos. 1 ou 4).

8. L'omelette est prête lorsqu'elle est bien dorée dessous et sèche dessus (au bout d'env. 5 minutes).

9. Faire glisser l'omelette sur une assiette.

10. Mettre la banane sur une moitié d'omelette.

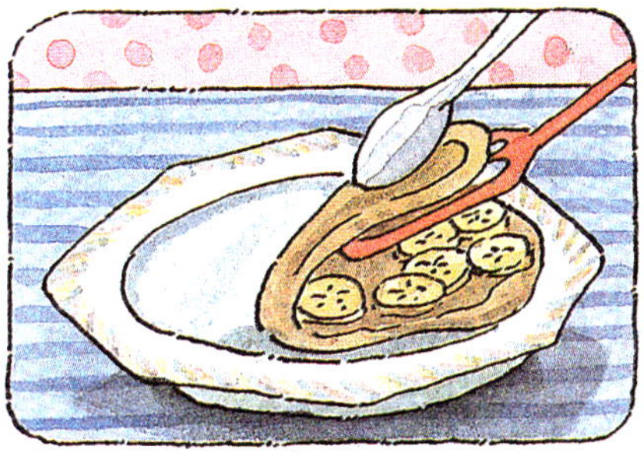

11. Rabattre l'autre moitié sur la partie recouverte de banane.

12. Saupoudrer de sucre parfumé à la cannelle.

Par portion env. 1613 kJ / 384 kcal

Salade multicolore

50 g de mâche
1 petite laitue
1 petit concombre
5 radis
3 tiges de célerie-branche
1 gros oignon
3 c. à soupe de jus de citron
sel
1 c. à soupe de sucre
1 pincée de poivre
6 c. à soupe d'huile

1. Eplucher la mâche et la laitue, les laver et faire égoutter. Tailler les feuilles de laitue en petites bouchées.
2. Laver le concombre, l'éplucher éventuellement, le détailler en rondelles au coupe-légumes. Laver les radis et les couper en rondelles.
3. Nettoyer le céleri-branche, le laver et le couper aussi en fines rondelles.
4. Peler et émincer très finement les oignons.
5. Mélanger le tout et répartir régulièrement sur 4 grandes assiettes.
6. Bien mélanger les autres ingrédients avec un fouet.
7. Rectifier l'assaisonnement de la sauce, arroser la salade dressée sur les assiettes. Servir aussitôt.

Préparation : env. 20 min
Par portion : env. 651 kJ / 155 kcal

Salade de pommes de terre estivales

- 500 g de pommes de terre
- 400 g de carottes
- 600 g de courgettes
- 4 c. à soupe de vinaigre
- 1 c. à café de moutarde
- 1 gousse d'ail
- sel de mer, 1 pointe de poivre
- 6 c. à soupe d'huile d'olive première pression à froid (éventuellement huile de noix)
- 4 brins de persil plat

Conseil diététique

Les pommes de terre – jouent un grand rôle dans notre alimentation. Elle contiennent des glucides, fournisseurs d'énergie sous forme de fécule, des protéines végétales et de la vitamine C. La pomme de terre en soi ne fait pas grossir, c'est la façon de les accommoder qui peut les rendre caloriques. Faites cuire les pommes de terre en robe des champs. Elles conserveront ainsi une grande partie de leurs vitamines et de leurs minéraux resteront ainsi en grande partie conservés.

1. Laver les pommes de terre, les faire cuire en robe des champs env. 20 min, verser l'eau de cuisson et les rincer à l'eau froide.
2. Peler les pommes de terre et les laisser refroidir.
3. Peler les carottes, les laver et les tailler en fins bâtonnets.
4. Laver les courgettes, les diviser en deux dans le sens de la longueur et les couper en rondelles.
5. Couper les pommes de terre en rondelles, les mélanger aux carottes et aux courgettes.
6. Mélanger le vinaigre et la moutarde. Peler la gousse d'ail, la passer au presse-ail, l'ajouter au vinaigre. Mettre du sel de mer et du poivre. Mélanger l'huile avec un fouet.
7. Rectifier l'assaisonnement et répartir la sauce sur la salade.
8. Laisser reposer la salade pour qu'elle s'imprègne bien de tous les arômes.
9. Laver le persil, le sécher au papier absorbant et séparer les pluches.
10. En garnir la salade dressée sur un plat.

Préparation : env. 25 min
(sans temps de cuisson des pommes de terre)
Par portion : env. 748 kJ / 178 kcal

Salade de pâtes aux bananes

pour 6 portions
300 g de pâtes
1 c. à soupe d'huile, sel
4 bananes (600 g)
2 c. à soupe de jus de citron
1/2 c. à café de curry en poudre
150 g de gouda
200 de jambon cuit
1 boîte de petits pois et carottes (poids net 530 g)
2 pots de yaourt à boire (de 150 g chacun)
2 c. à soupe de mayonnaise pour salade (50 % mat. gr.)
1 c. à soupe d'aneth surgelé
poivre, 1 pincée de sucre

1. Faire cuire les pâtes dans l'eau salée bouillante avec l'huile 10 à 12 min, verser l'eau de cuisson, refroidir à l'eau froide et bien égoutter.
2. Peler les bananes et les couper en rondelles. Arroser aussitôt de jus de citron, parsemer de curry en poudre et mélanger légèrement.
3. Couper le fromage en petits dés et le jambon en fines lanières. Faire égoutter les petits pois et carottes et recueillir le jus dans un récipient.
4. Mélanger tous ces ingrédients préparés dans une grande terrine.
5. Pour la sauce de salade, mélanger le yaourt avec la mayonnaise, 2 à 3 c. à soupe de jus de légumes, l'aneth, sel, poivre et sucre, napper la sauce sur le tout et bien remuer. Laisser reposer la salade et assaisonner encore une fois avant de servir.

Préparation : env. 20 min
Par portion : env. 2260 kJ / 541 kcal

Salade joyeuse

1 petite laitue	
1 petit concombre	
1 botte de radis	
1 boîte de maïs (poids net 285 g)	
2 c. à soupe de jus de citron	
1 c. à café de miel	
sel de mer	
1 pincée de poivre	
4 c. à soupe d'huile de soja	

1. Débarrasser la laitue de ses feuilles abîmées, la laver, la tailler en petites bouchées et la faire égoutter.
2. Laver soigneusement le concombre, le détailler éventuellement en rondelles au coupe-légumes.
3. Nettoyer et laver les radis et les couper en rondelles. Faire égoutter le maïs.
4. Disposer en couronne la laitue, les rondelles de concombre et de radis. Mettre le maïs au milieu.
5. Mélanger le jus de citron avec du miel, une pincée de sel de mer et une pincée de poivre. Ajouter l'huile avec le fouet, assaisonner.
6. Répartir la sauce sur les ingrédients et servir aussitôt.

Préparation : env. 20 min
Par portion : env. 752 kJ / 179 kcal

Potage du terroir au blé vert

150 g d'oignons
250 g de pommes de terre
20 g de beurre
1 l de bouillon de légumes instantané
1 feuille de laurier
sel, poivre
100 g de blé vert concassé
2 bouquets de persil

1. Peler et couper les oignons en petits dés. Peler également les pommes de terre, les laver et les couper en dés.
2. Chauffer le beurre et y faire revenir les oignons et les pommes de terre.
3. Mouiller avec le bouillon, ajouter la feuille de laurier, saler et poivrer
4. Incorporer le blé vert concassé. Faire cuire la soupe à feu doux env. 40 min.
5. Laver le persil, l'éponger, le hacher. Le mettre dans la soupe.

Préparation : env. 20 min
Cuisson : env. 45 min
Par portion : env. 810 kJ / 193 kcal

Potée de pâtes au chou vert frisé

pour 2 portions

250 g de chou vert frisé
200 g de carottes
1 oignon, 1 gousse d'ail
2 c. à soupe d'huile de germe de blé
1 l de bouillon de viande instantané
80 g de pâtes complètes
1 tranche épaisse de jambon cuit (100 g)
2 c. à soupe de persil haché
noix de muscade, poivre, sel
2 c. à soupe de pignons de pin grillés

Conseil diététique

Les pignons – graines oléagineuses comestibles appelées aussi noix de pin, poussent sur le pin, silhouette familière des paysages méditerranéens. Il faut d'abord ôter l'écorce dure de la graine pour en libérer le noyau, blanc et de la forme d'un bâtonnet, qui est alors commercialisé. Les pignons ont un peu un goût d'amande, mais sont plus doux et plus fins. Grillés, ils dégagent encore plus d'arôme.

1. Parer, laver et tailler le chou vert frisé en chiffonnade, peler et laver les carottes, les couper en lamelles.
2. Peler les oignons et la gousse d'ail. Couper les oignons en dés. Passer l'ail au presse-ail.
3. Chauffer l'huile de germe de blé. Y faire revenir les oignons et l'ail. Ajouter les légumes et les faire revenir aussi.
4. Mouiller avec le bouillon, porter à ébullition et verser les pâtes en pluie.
5. Faire cuire la potée sur feu doux env. 15 min.
6. Entre-temps, couper le jambon en dés. Le mélanger à la potée peu avant la fin de la cuisson.
7. Ajouter le persil et la noix de muscade rapée et ajouter éventuellement du sel et du poivre.
8. Saupoudrer de pignons de pin.

Préparation : env. 20 min
Cuisson : env. 20 min
Par portion : env. 2165 kJ / 515 kcal

Crêpes aux pousses de soja

150 g de farine complète de blé
250 ml de lait (1/4 l)
1 pointe de muscade
4 œufs
2 poivrons rouges (300 g)
5 oignons grelots
200 g de pousses de soja
20 g de beurre ou de margarine
1/2 c. à café de miel
cumin romain, sel de mer
2 c. à soupe de sauce de soja
graisse de coco pour la cuisson
40 g de fromage râpé

1. Mélanger la farine complète avec le lait, le sel de mer, 1 pointe de muscade et les œufs pour obtenir une pâte lisse. Laisser gonfler env. 20 min.
2. Couper les poivrons en deux, les épépiner, les laver et les couper en fines lamelles. Parer et laver les oignons grelots, les couper en rondelles. Laver les pousses de soja et les faire étoutter.
3. Chauffer la graisse, y faire revenir les oignons grelots. Ajouter le poivron et les pousses de soja, bien mélanger et fair cuire à l'étuvée à couvert env. 10 min. Assaisonner de miel, sel de mer, cumin, sauce de soja.
4. Prendre la pâte et faire cuire 4 grandes crêpes dans la graisse de coco très chaude. Y répartir les légumes. Parsemer de fromage avant de servir.

Préparation : env. 30 min,
Cuisson : légumes env. 10 min,
Crêpes: 5 min par crêpe
Par portion : env. 1370 kJ / 326 kcal

Crêpes de sarrasin

250 g de farine de sarrasin
4 œufs, 3 c. à soupe d'huile de soja
250 ml de babeurre (1/4 l)
1 c. à café de sel de mer biologique et naturel, huile
250 ml de crème fraîche
1 pot de prunes dénoyautées (poids net 460 g)
2 c. à soupe de sucre glace

1. Mettre la farine de sarrasin dans une terrine. Ajouter les œufs, l'huile, le babeurre, le sel et mélanger le tout pour obtenir une pâte lisse.
2. Faire gonfler la pâte à crêpes env. 30 min.
3. Faire cuire alors 8 crêpes dans l'huile très chaude, 5 min par crêpe.
4. Badigeonner d'abord 4 crêpes de crème fraîche et les garnir de prunes égouttées. Poser une crêpe sur chaque préparation.
5. Saupoudrer de sucre glace et servir aussitôt.

Préparation : env. 15 min
Cuisson : env. 5 min par crêpe
Par portion : env. 3637 kJ / 866 kcal

Knödel aux abricots et au coulis de fruits

- 250 g de fromage blanc (20 %)
- 75 g de farine complète de blé
- 1 œuf, 1 jaune d'œuf
- 1 pincée de sel de mer
- 40 g de beurre mou ou de margarine
- 40 g de chapelure complète
- 8 petits abricots
- 2 c. à soupe de miel doux
- une pointe de vanille naturelle (magasin de produits diététiques)
- sel de mer
- 300 g de fruits rouges (framboises, cassis ou myrtilles)
- 2 c. à soupe de miel
- 1 pointe de vanille naturelle
- 40 g de chapelure complète
- 40 g de beurre ou de margarine
- 1 c. à soupe de miel doux

1. Mettre le fromage blanc dans une terrine. Ajouter la farine complète, l'œuf, le jaune d'œuf, 1 prise de sel de mer, la graisse et la chapelure et pétrir le tout pour obtenir une pâte lisse.
2. Couvrir la pâte et la laisser reposer au réfrigérateur 30 min.
3. Entre-temps laver les abricots, les dénoyauter. Leur ajouter un peu de miel et d'une pointe de vanille.
4. Porter à ébullition env. 3 l d'eau avec 1 cl à café de sel de mer.
5. Rouler la pâte en un gros boudin, couper celui-ci en 8 tranches. Poser un abricot sur chaque tranche. Façonner les knödel en boulettes.
6. Mettre les knödel dans l'eau salée bouillante. Les faire pocher à feu doux à découvert 15 à 20 min.
7. Laver les fruits rouges, en réserver quelques-uns. Réduire le reste en purée et ajouter 2 c. à soupe de miel et de vanille.
8. Faire bien rissoler la chapelure dans une poêle sans graisse, la mettre sur une assiette.
9. Égoutter les knödel. Chauffer le beurre dans la poêle. Y passer les knödel. A la fin, retourner ceux-ci dans la chapelure.
10. Répartir la purée de fruits sur 4 assiettes. Y poser les knödel et les garnir de 1 c. à soupe de miel. Ajouter les fruits complets au coulis.

Préparation : env. 35 min
Cuisson : 15 à 20 min
Par portion : env. 1873 kJ / 446 kcal

Soufflé croquant aux flocons d'avoine

- 250 g de pommes acidulées
- 125 de flocons d'avoine à grains entiers
- 20 g de maïzéna
- 1 c. à café de levure alsacienne
- 75 g de beurre mou ou de margarine
- 3 œufs, blancs et jaunes séparés
- 100 g de miel, 100 ml de lait
- beurre pour le moule
- 1 pomme

1. Peler les pommes, les vider et les couper en rondelles.
2. Mélanger les flocons d'avoine avec la maïzéna et la levure alsacienne. Ajouter la graisse, les jaunes d'œuf, le miel et le lait. Bien mélanger le tout avec le fouet du mixeur à main env. 2 min. Ajouter les pommes.
3. Battre les blancs en neige très ferme et les mélanger en soulevant la pâte.
4. Beurrer un plat. Y verser la pâte.
5. Peler la pomme, retirer le centre avec un vide-pomme, la couper en rondelles. En garnir le soufflé.
6. Faire cuire env. 45 min dans le four préchauffé.

Préparation : env. 20 min
Cuisson : env. 45 min
Par portion : env. 2120 kJ / 505 kcal

Salade de chou rouge au sésame

- 1 petit chou rouge (env. 300 g)
- 1 oignon
- 4 c. à soupe d'huile de tournesol 1ère pression
- 2 c. à soupe de vinaigre
- sel de mer
- 1 pincée de sucre
- poivre (facultatif)
- 2 c. à soupe de graines de sésame
- 125 g de tofu

1. Parer le chou rouge, le diviser en 4 puis le couper en très fines lanières ou le râper. L'écraser un peu au pilon.
2. Hacher finement les oignons, les mélanger avec l'huile, le vinaigre, le sel de mer, le sucre et éventuellement le poivre.
3. Mélanger la sauce de salade au chou rouge et laisser la salade s'imprégner env. 30 min.
4. Faire griller les graines de sésame quelques minutes. Emietter le tofu et mélanger le tout à la salade.

Préparation : env. 20 min
Par portion : env. 1075 kJ / 256 kcal

Carottes râpées au tofu

- 50 g de raisins secs
- 250 g de carottes
- 50 g de noix
- 125 g de tofu
- 3 c à soupe de crème liquide
- 1 c. à soupe de miel
- 2 c. à soupe de jus de citron
- 1 pointe de gingembre en poudre

1. Faire tremper les raisins secs dans l'eau chaude.

2. Peler, laver et râper les carottes, moyenne grille. Hacher les noix.
3. Bien mélanger le tofu avec la crème liquide, le miel, le jus de citron et une pointe de gingembre en poudre.
4. Ajouter au tofu les carottes, les noix et les raisins secs égouttés sous le tofu. Laisser reposer un peu.

Préparation : env. 15 min
Par portion : env. 903 kJ / 215 kcal

Conseil diététique

Le tofu – un produit à base de fèves de soja, d'apparence semblable au fromage blanc, riche en protéines. Comme il a un goût relativement neutre, le tofu peut être utilisé pour les plats salés et sucrés. Il faut simplement veiller au bon dosage des épices.

Salade aux grains de seigle et au tofu

180 g de grains de seigle
4 c. à soupe d'huile de tournesol 1e pression à froid
2 c. à soupe de jus de citron, sel de mer
poivre du moulin (facultatif)
1/2 c. à café de concentré de jus de pommes (magasin de produits diététiques)
2–3 c. à soupe d'eau
125 g de tofu
1 petit poireau (100 g)
1 botte de radis
1 botte de ciboulette

1. Faire tremper les grains de seigle quelques heures. Puis les faire cuire dans l'eau de trempage env. 40 min, verser l'eau et laisser refroidir.
2. Mélanger l'huile avec le jus de citron, les épices, le concentré de jus d'oranges et l'eau.
3. Couper le tofu en petits dés, le mélanger à la sauce de salade et laisser reposer env. 30 min.
4. Parer, laver et couper le poireau en fines rondelles. Nettoyer les radis, les laver et les couper en rondelles.
5. Mélanger les légumes et les grains de seigle aux dés de tofu. Rectifier éventuellement l'assaisonnement.
6. Laver la ciboulette, l'éponger et la ciseler. En saupoudrer la salade.

Préparation : env. 25 min
Cuisson : env. 40 min
Par portion : env. 1260 kJ / 300 kcal

Galettes de courgettes

- 120 g de farine complète de blé
- 125 ml de liquide (moitié lait, moitié crème liquide)
- 2 œufs
- sel de mer, éventuellement poivre blanc
- 2 c. à soupe de graines de tournesol
- 3 courgettes de taille moyenne (600 g)
- graisse de coco pour la cuisson

1. Mettre la farine complète dans une terrine. Ajouter le liquide, les œufs et les épices et bien mélanger le tout, laisser gonfler quelques minutes.
2. Faire rissoler les graines de tournesol dans une poêle à sec, laisser refroidir.
3. Laver les courgettes, les détailler en fines rondelles au coupe-légume et les ajouter avec les graines de tournesol à la pâte à œufs.
4. Avec la pâte confectionner 8 petites galettes et les faire cuire dans la graisse de coco très chaude.

Préparation : env. 20 min
Cuisson : 5 à 6 min par galette
Par portion : env. 1302 kJ /310 kcal

Soupe au lait et aux groseilles

- 80 g de gruau d'orge
- 1 l de lait
- zeste d'un citron non traité
- 2 c. à soupe de miel
- 1 pointe de vanille naturelle
- 100 g de crème liquide
- 2 c. à soupe de noisettes grossièrement hachées
- 200 de grosseilles rouges égrenées

1. Faire tremper les grains d'orge quelques heures.
2. Verser l'eau. Mettre les grains dans une marmite. Ajouter le lait et le zeste de citron, porter à ébullition et faire cuire à feu doux 20 à 30 min. Laisser refroidir.
3. Ajouter à la soupe froide du miel et de la vanille, le mieux étant d'utiliser une gousse de vanille dont vous grattez les graines.
4. Fouetter un peu la crème liquide, la mélanger à la soupe et placer au frais.
5. Si la soupe est trop épaisse, ajouter un peu de lait.
6. Verser la soupe dans une assiette, parsemer de noisettes et de groseilles.

Préparation : env. 10 min
Cuisson : 20 à 30 min
Par portion : env. 1470 kJ / 350 kcal

Knödel aux abricots

16 abricots (env. 750 g)
8 morceaux de sucre
500 g de pommes de terre cuites
40 g de semoule, 50 g de farine
2 jaunes d'œuf
30 g de margarine molle, sel
100 g de miettes de pain blanc
100 g de beurre ou de margarine
3 c. à soupe de sucre à la cannelle

1. Laver les abricots, les dénoyauter et remplacer le noyau par un demi-morceau de sucre.
2. Râper finement les pommes de terre. Ajouter la semoule, la farine, les jaunes d'œuf, la margarine et un peu de sel. Bien pétrir le tout au fouet à crochets du mixeur à main.
3. Rouler la pâte en un gros boudin et le couper en 16 tranches. Poser 1 abricot sur chaque tranche et former une boulette.
4. Mettre les knödel dans l'eau salée bouillante. Laisser pocher à feu doux 8 à 10 min. (Les knödel sont cuites quand elles commencent à tourner dans l'eau).
5. Entre-temps, faire bien dorer les miettes de pain blanc dans la graisse chaude.
6. Faire égoutter les knödel, les retourner dans les miettes et les saupoudrer de sucre à la cannelle.

Préparation : env. 30 min
Cuisson : 8 à 10 min
Par portion : env. 2982 kJ / 710 kcal

Conseil diététique

A l'origine, les abricots proviennent de Chine. Ces fruits à noyau, riches en vitamines et en acide de fruit, prospèrent surtout au soleil des pays méridionaux, p. ex. en Californie ou dans les pays méditerranéens. Comme les fruits mûrs ne se conservent que peu de temps, ils sont en général récoltés encore verts pour mûrir pendant le transport. Un abricot moyen de 50 g fournit 25 kcal (115 kJ). Les abricots sont donc une gourmandise peu calorique et saine en cas de petit creux mais ils sont aussi utilisés pour différents plats. Les knödel aux abricots ou comme disent les Autrichiens les „Marillenknödel" – peuvent constituer un déjeuner complet ou un goûter copieux ou être servis au dîner.

Chaussons fourrés à la sauce vanille

500 g de farine
60 g de sucre
1/2 c. à café de sel
un peu de zeste de citron râpé
40 g de levure de boulanger
250 ml de lait tiède (1/4 l)
80 g de margarine
2 c. à soupe de jus de citron
1 œuf
500 ml de lait (1/2 l)
2 c. à soupe de sucre
1 sachet de sauce en poudre
margarine pour le plat
15 cerises en pot

1. Mettre la farine dans une terrine et mélanger avec le sucre, le sel et le zeste de citron.
2. Emietter la levure dans le lait tiède, bien mélanger et faire lever 5 minutes.
3. Faire fondre la margarine sans la faire trop chauffer.
4. Ajouter à la farine la levure, la margarine, le jus de citron et l'œuf et pétrir le tout avec le fouet à crochets du mixeur à main pour obtenir une pâte lisse et souple.
5. Couvrir la pâte d'un film. La tenir à un endroit chaud pour qu'elle double de volume.
6. Entre-temps, préparer la sauce à la vanille. Prélever 2 grosses c. à soupe du lait réservé, porter le reste à ébullition avec le sucre. Délayer la sauce en poudre dans le lait froid. Ajouter au lait et faire bouillir quelques instants. Laisser refroidir.
7. Pétrir encore une fois la pâte levée. La rouler en 2 gros boudins, couper ceux-ci en 15 grosses tranches.
8. Graisser un plat à bords bas.
9. Mettre une cerise sur chaque tranche de pâte. Former des boulette et les poser dans le plat.
10. Faire encore gonfler env. 15 min.

11. Faire cuire les chaussons env. 30 min dans le four préchauffé.
12. Servir avec la sauce à la vanille.

Préparation : env. 40 min
Cuisson : env. 30 min
Four électr. : 175 à 200 °C
Four au gaz : th. 2–3
Par portion :
Env. 3727 kJ / 888 kcal

Pommes Bonne Femme

4 pommes de taille moyenne (de préférence des boskoop)
2 c. à soupe de raisins secs
3 c. à soupe de jus d'oranges
2 c. à soupe de noisettes grossièrement hachées
1 pointe de cannelle
2 c. à soupe de miel
beurre pour le plat

1. Laver les pommes. Retirer le centre avec un vide-pomme.
2. Faire brièvement tremper les raisins secs dans le jus d'oranges, puis égoutter.
3. Mélanger les noix à la cannelle, au miel et aux raisins secs.
4. Beurrer un plat à gratin à bords bas. Y disposer les pommes et les fourrer.
5. Enfourner dans le four préchauffé et cuire env. 30 min. Servir éventuellement avec une sauce à la vanille.

Préparation : env. 10 min
Cuisson : env. 30 min
Four électr. 180°C / gaz : th. 2
Par portion :
Env. 714 kJ / 170 kcal

Conseil diététique

Les pommes – les fruits les plus consommés chez nous. Elles sont recherchées pour la variété et la richesse de leur saveur. La boskoop, particulièrement appréciée, a une haute teneur en vitamine C.

Soufflé aux pommes et aux noisettes

400 g de pommes
2 c. à soupe de jus de citron
1/2 c. à café de cannelle en poudre
1 c à soupe de miel
3 c. à soupe d'eau
beurre pour le plat
4 œufs, blancs et jaunes séparés
3 c. à soupe de miel
80 g de noisettes en poudre

1. Peler les pommes, les diviser en 4, retirer le centre, couper les quartiers en fines tranches.
2. Mélanger dans une marmite les tranches de pomme, le jus de citron,

la cannelle, 1 c. à soupe de miel et d'eau. Faire revenir à feu doux env. 5 min, faire égoutter dans une passoire.
3. Beurrer un plat à gratin. Y mettre les pommes.
4. Séparer le blanc des jaunes d'œuf. Battre les jaunes avec le miel pour obtenir un mélange mousseux. Ajouter les noisettes.
5. Battre les blancs en neige ferme et les incorporer en soulevant le mélange mousseux. Verser la pâte sur les pommes et lisser.
6. Faire cuire le soufflé env. 20 min dans le four préchauffé.
7. Si vous désirez avoir plus de pommes, ajoutez en même temps des pommes à cuire au four. Comme elles demandent un peu plus de temps, enfournez-les 10 min plus tôt que le soufflé.

Préparation : env. 20 min
Cuisson : env. 25 min
Four électr. 180 °C / gaz th. 2
Par portion : env. 1470 kJ / 350 kcal

Pannequets aux raisins secs

- 4 œufs, blancs et jaunes séparés, 30 g de sucre
- 1 pincée de sel
- 1 sachet de sucre vanilliné
- 125 g de farine
- 400 ml de lait
- 50 g de raisins secs
- env. 60 g de margarine ou de beurre
- 20 g de sucre glace pour saupoudrer

1. Séparer le blanc des jaunes d'œuf et battre les jaunes avec le sucre, 1 pincée de sel et le sucre vanilliné pour obtenir une masse onctueuse jaune clair.
2. Incorporer la farine en alternant avec le lait. Ajouter les raisins secs.
3. Battre les blancs en neige ferme et les incorporer en soulevant la pâte.
4. Chauffer un quart de la graisse dans une poêle. Y verser 1 quart de la pâte. Faire cuire pour dorer légèrement la face inférieure.
5. Retourner le pannequet, le déchirer en morceaux avec 2 fourchettes. Continuer la cuisson pour faire brunir, mettre au chaud.
6. Avec le reste de la pâte, faire cuire 3 autres pannequets.
7. Avant de servir, saupoudrer de sucre glace.

Préparation : env. 10 min
Cuisson : env. 8 min par pannequet
Par portion : env. 2045 kJ / 486 kcal

Soufflé au fromage blanc

500 ml de lait (1/2 l)
1 pincée de sel
40 g de semoule
250 g de fromage blanc maigre
3 œufs, blancs et jaunes séparés
40 g de beurre ou de margarine
60 g de sucre
zeste râpé de 1/2 citron
1 c. à soupe de jus de citron
graisse pour le plat
20 g d'amandes en poudre
20 g de beurre (noisettes)
1 boîte de cocktail de fruits (poids net 280 g)

1. Porter le lait salé à ébullition. Verser la semoule en pluie et la laisser gonfler env. 5 min en remuant sans arrêt à feu doux. Puis laisser refroidir.
2. Mettre le fromage blanc dans une terrine, ajouter les jaunes d'œuf, la graisse, le sucre, le zeste et le jus de citron. Bien mélanger avec le fouet du mixeur à main. Incorporer la purée de semoule.
3. Beurrer un plat.
4. Battre les blancs en neige ferme et les mélanger en soulevant le fromage blanc.
5. Verser la préparation dans le plat. Parsemer d'amandes et de noisettes de beurre.
6. Mettre le soufflé dans le four préchauffé et faire cuire 50 à 60 min.
7. Servir le cocktail de fruits avec le soufflé.

Préparation : env. 20 min
Cuisson : 55 à 65 min
Four électr. 200 °C /gaz th. 3
Par portion : env. 2200 kJ / 524 kcal

Beignets de bananes

75 g de farine, 1/4 c. à café de sel
1 œuf, blanc et jaune séparés
4 c. à soupe d'eau
1 c. à soupe d'huile
4 bananes (600 g)
un peu de jus de citron
graisse végétale pour la friture
farine pour enrober les bananes, sucre glace

1. Mettre la farine, le sel, le jaune d'œuf, l'eau et l'huile dans une terrine. Mélanger le tout en une pâte lisse. Laisser gonfler env. 30 min.
2. Entre-temps, peler les bananes, les couper en morceaux de 2 cm et les arroser de jus de citron.
3. Chauffer la graisse végétale à 180°C dans une marmite haute ou une friteuse.
4. Battre le blanc en neige ferme, l'ajouter en soulevant la pâte.
5. Essuyer les morceaux de bananes avec du papier absorbant, les passer dans un peu de farine puis dans la pâte.
6. Les faire frire dans la graisse très chaude 2 à 3 min jusqu'à ce qu'elles soient bien dorées. Les égoutter sur du papier absorbant.
7. Saupoudrer de sucre glace les beignets de bananes encore chauds. Permet de faire env. 24 beignets au total.

Préparation : env. 25 min
Cuisson : 2 à 3 min par fournée
Par portion : env. 2371 kJ / 564 kcal

Clafoutis aux cerises

- 6 petits pains rassis
- 200 ml de lait env.
- 300 g de cerises fraîches ou en pot
- 100 g de margarine
- 100 g de sucre
- 3 œufs, blancs et jaunes séparés
- zeste râpé, de 1/2 citron non traité
- 1 pointe de cannelle
- 50 g de noisettes en poudre
- 125 g de crème
- margarine pour le plat
- sucre glace

1. Oter la croûte du pain. Couper la mie en dés, la faire tremper dans le lait.
2. Laver et dénoyauter les cerises.
3. Mélanger la margarine avec le sucre et les jaunes d'œuf pour en faire une masse mousseuse. Y ajouter le zeste de citron, la cannelle et les noisettes.
4. Presser la mie, l'ajouter à la crème et mélanger.
5. Battre les blancs en neige et les ajouter délicatement à la pâte.
6. Graisser un plat à la margarine. Le remplir de la moitié de la pâte, y répartir les cerises. Recouvrir du reste de la pâte.
7. Mettre le clafoutis dans le four préchauffé et laisser cuire env. 40 min.

Préparation : env. 25 min
Cuisson : env. 40 min
Four électr. 175–200 °C
Four à gaz : th. 2–3
Par portion : env. 2516 kJ / 599 kcal

Soufflé au fromage blanc et aux abricots

- 1 boîte d'abricots (poids net 460 g)
- 500 g de fromage blanc maigre
- 50 g de beurre ou de margarine, 100 g de sucre
- 3 œufs, blancs et jaunes séparés
- 1 sachet de sucre vanilliné
- jus et zeste d'un citron non traité
- 75 g de maïzéna
- graisse pour le plat
- 40 g d'amandes effilées
- 20 g de beurre ou de margarine

1. Faire égoutter les abricots dans une passoire.
2. Mettre le fromage blanc dans une terrine. Ajouter le beurre ramolli ou la margarine, le sucre, les jaunes d'œuf, le sucre vanilliné, le jus et le zeste de citron et la maïzéna. Bien mélanger le tout avec le fouet du mixeur à main.
3. Battre les blancs en neige, les incorporer en soulevant le fromage blanc.
4. Beurrer un plat. Le remplir de la moitié de la préparation, y répartir les abricots et verser le reste du fromage blanc dessus.
5. Saupoudrer d'amandes et de noisettes de beurre.
6. Mettre le soufflé dans le four préchauffé, faire cuire env. 50 min.

Préparation : env. 15 min
Cuisson : env. 50 min
Four électr. 200 °C / gaz th. 3
Par portion : env. 2625 kJ / 625 kcal

Riz au lait rapide

- 1 pot de griottes dénoyautées (poids net 460 g)
- 1 c. à soupe de maïzéna (15 g)
- 2 c. à soupe de sucre (30 g)
- 2 pots de riz au lait
- nature (de 200 g chacun)

1. Verser le jus des griottes et le réserver, faire égoutter les cerises.
2. Réserver 250 ml de jus de griottes (1/4 l). Prélever 2 c. à soupe du jus pour délayer la maïzéna.
3. Mélanger le reste de jus avec le sucre et porter à ébullition. Y verser la maïzéna délayée et faire bouillir en remuant.
4. Ajouter les cerises et les faire chauffer.
5. Répartir le riz au lait dans 4 assiettes. Servir avec les cerises chaudes.

Préparation : env. 10 min
Par portion : env. 1020 kJ / 243 kcal

Pannequets aux prunes

- 125 g de farine, 40 g de sucre
- 150 ml de lait
- 4 œufs, blancs et jaunes séparés
- 1 pincée de sel
- un peu de zeste de citron râpé
- 50 g de raisins de Corinthe
- beurre pour la cuisson (env. 50 g)
- 1 c. à soupe de sucre en poudre
- 1 pot de prunes dénoyautées (poids net 260 g)

1. Mettre la farine et le sucre dans une terrine. Ajouter le lait, les jaunes d'œuf, le sel et le zeste de citron et mélanger le tout pour obtenir une pâte lisse.
2. Laver les raisins de Corinthe, les essuyer et les ajouter à la pâte.
3. Battre les blancs en neige et les incorporer délicatement à la préparation.
4. Chauffer le beurre dans une poêle, y mettre la moitié de la pâte et faire bien dorer d'un côté inférieur avant de retourner.
5. Au bout d'env. 1 min, déchirer le pannequet en morceaux avec une fourchette. Continuer la cuisson pour faire bien dorer tous les morceaux.
6. Poursuivre de la même façon.
7. Dresser les pannequets sur des assiettes et les saupoudrer de sucre glace. Les servir avec les prunes égouttées.

Préparation : env. 15 min
Cuisson : 8 à 10 min par fournée
Par portion : env. 2000 kJ / 476 kcal

Crêpes à la sauce kiwi

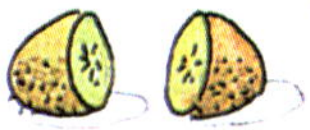

250 g de crème fleurette
100 g de farine
3 kiwis
2 c. à soupe de sucre glace
2 œufs
2 c. à soupe de beurre fondu
2 c. à soupe de sucre
1 pincée de sel
40 g de beurre ou de margarine pour la cuisson
1 c. à soupe de sucre glace pour saupoudrer

Conseil diététique

Le kiwi – appelé aussi groseille chinoise – est un fruit particulièrement riche en vitamine C. Pour leur conserver toute leur vitamine C, les consommer les kiwis crus si possible. Cependant, il faut veiller à ne pas mettre les kiwis en contact avec du lait ou des produits laitiers. Les kiwis contiennent une substance, c.-à-d. une enzyme qui rend amères les composants du lait. Les enfants aiments bien manger à la cuillère la chair juteuse, légèrement acidulée d'un kiwi coupé en deux. Très décoratifs, les kiwis apportent la dernière petite touche à la garniture d'un plat.

1. Bien mélanger la crème fleurette et la farine et faire gonfler la pâte 10 min.
2. Entre-temps, peler les kiwis, les diviser en quatre, les sucrer et les réduire en purée au mixeur à main.
3. Mélanger la pâte avec les œufs, le beurre fondu, le sucre et le sel.
4. Faire cuire 8 crêpes fines l'une après l'autre dans la graisse très chaude, les tenir au chaud.
5. Dresser les crêpes sur des assiettes. Sur une moitié, mettre un peu de sauce de kiwis, replier l'autre moitié en portefeuille.
6. Poudrer les crêpes de sucre glace et servir aussitôt.

Préparation : env. 15 min
Cuisson : env. 4 min par crêpe
Par portion : env. 2236 kJ / 532 kcal

Soufflé aux pommes

Pour 4 portions, il te faut :

- 3 pots de riz au lait „nature“ (de 200 g chacun)
- 4 œufs, blancs et jaunes séparés
- 1 c. à soupe de beurre ou de margarine pour le plat
- 4 petites pommes acidulées (400 g)
- 4 c. à café de gelée de groseilles
- 50 g d'amandes hachées
- 20 g de beurre pour les parcelles

tu réunis les ustensiles suivants :
1 grande terrine
1 terrine à bords élevés
1 cuillère à sauce, 1 cuillère à soupe
1 mixeur à main, 1 pinceau
1 plat à gratin, 1 couteau de cuisine
1 vide-pomme
Paris
Rom
Tokio

1. Allumer le four, régler sur 180 °C ou sur th. 2.

2. Mettre le riz dans la grande terrine.

3. Séparer le blanc des jaunes d'œuf. Mettre les jaunes avec le riz, les blancs dans la 2e terrine.

4. Mélanger les jaunes avec la cuillère à sauce.

5. Beurrer le plat à gratin. Utiliser un pinceau par commodité.

6. Peler les pommes. Bien retirer le centre avec le vide-pomme.

7. Mettre les pommes dans le plat. Remplir chaque pomme d'une c. à café de gelée.

8. Battre les blancs en neige.

9. Mettre les blancs sur le riz et les incorporer délicatement au riz avec la cuillère à sauce.

10. Répartir le riz dans le plat.

11. Parsemer d'amandes et de noisettes de beurre en parcelles.

12. Mettre le soufflé dans le four très chaud, le faire cuire 40 min.
Par portion : env. 1877 kJ / 447 kcal

Glace et banane

- 4 bananes
- 1 c. à soupe de jus de citron
- 2 c. à soupe de sucre glace
- 8 boules de glace au yaourt
- 100 g de groseilles, ou fraises ou framboises et gommes acidulées

1. Peler les bananes, les diviser en deux dans le sens de la longueur.
2. Mélanger le jus de citron et le sucre glace.
3. Pour chaque portion, couper 2 moitiés de banane en morceaux, les arroser de jus de citron, les mettre sur une assiette.
4. Disposer 2 boules par assiette. Garnir de fruits et de gommes acidulées.

Préparation : env. 10 min
Par portion : env. 972 kJ / 231 kcal

Dessert glacé sur gelée au citron

- gelée au citron en sachet
- sucre et eau selon les indications de l'emballage
- 100 g de jus de fruits rouges (framboises, mûres, fraîches ou surgelées)
- 1 c. à café de sucre
- 2 kiwis
- 1 pêche
- 1 pot de crème fleurette (200 g)
- 1 sachet de sucre vanillé
- 8 boules de glace à la fraise
- 8 gaufrettes triangulaires
- vermicelles de sucre

1. Préparer la gelée au citron selon le mode d'emploi de l'emballage avec du sucre et de l'eau. Le dresser dans 4 grandes coupes ou assiettes. Tenir au froid.
2. Laver et nettoyer les fruits, les égoutter. Faire un peu décongeler les fruits rouges surgelés. Saupoudrer de sucre.
3. Peler et laver les kiwis, les couper en rondelles. Laver la pêche, la couper en deux, la dénoyauter et la couper en quartiers.
4. Battre la crème pour qu'elle soit très ferme, l'additionner sucre vanillé, en remplir une poche à douille cannelée.
5. Poser 2 boules de crème sur la gelée au citron, décorer de fruits et de crème chantilly.
6. Humecter légèrement le bord arrondi des gaufrettes sur l et les plonger dans les vermicelles de sucre. Les ajouter en garniture sur l'assiette.

Préparation : env. 15 min
Par portion : env. 1660 kJ / 395 kcal

Assiette glacée multicolore

2 kiwis (120 g)
2 à 3 abricots (120 g)
2 c. à soupe de jus de citron,
2 c. à soupe de sucre
120 g de fraises
1 c. à soupe de jus de citron
1 c. à soupe de sucre glace
200 g de crème fleurette
1 sachet de sucre vanillé
4 boules de glace au chocolat
4 boules de glace à la vanille
4 boules de glace à la noix
fruits pour décorer (p. ex. kiwis, fraises, oranges)
1 c. à soupe de sucre glace

Conseil diététique

La glace – entre-temps, un produit qui se consomme toute l'année étant équipés de congélateurs les supermarchés et les cuisines. Personne ne résistera au plaisir de savourer une glace en hiver bien au chaud à la maison... Surtout quand elle est présentée de façon appétissante avec des sauces aux fruits, de la crème et des fruits frais. Et pour tranquilliser les parents des petits gourmands, il faut ajouter que la glace – comme ici au chocolat, à la vanille et à la noix – contient toujours du lait et qu'elle contribue donc aussi à l'apport quotidien en calcium.

1. Pour la sauce kiwi, peler les kiwis, les couper en morceaux et les réduire en purée avec le jus de citron et le sucre.
2. Pour la sauce aux abricots, ébouillanter les abricots, les peler, les dénoyauter et les couper en morceaux. Les réduire en purée avec le jus de citron et le sucre.
3. Laver et équeuter les fraises, les réduire en purée avec le jus de citron et le sucre glace.
4. Battre la crème pour qu'elle devienne ferme, y ajouter le sucre vanillé.
5. Répartir les sauces aux fruits l'une à côté de l'autre, sur 4 grandes assiettes. Les étirer avec un bâtonnet de bois pour leur donner une forme amusante.
6. Poser à côté des sauces 3 boules de glace au chocolat, à la vanille et à la noix.
7. Décorer de fruits et de crème chantilly.
8. Saupoudrer légèrement de sucre glace et servir aussitôt.

Préparation : env. 35 min
Par portion : env. 1472 kJ / 351 kcal

Dessert de nounours

- 1 bouteille de sauce au chocolat (200 ml)
- 8 moitiés d'abricots en boîte
- 1 pot de crème liquide à fouetter (200 g)
- 1 c. à café de sucre
- 4 grosses boules de glace à la noix
- 4 fraises
- 4 tranches de melon

1. Répartir la sauce au chocolat sur 4 assiettes plates. La laisser couler.
2. Essuyer les moitiés d'abricot et les poser sur le bord de l'assiette pour faire les „oreilles".
3. Commencer à battre la crème. Ajouter le sucre et continuer à battre alors la crème pour la rendre bien ferme. En remplir une poche à douille cannelée.
4. Garnir de crème chantilly comme sur l'illustration.
5. Dessiner le visage. Faire le nez avec une grosse boule de glace, chaque œil avec une fraise et la bouche avec une tranche de melon. Servir aussitôt.

Préparation : env. 15 min
Par portion : env. 1298 kJ / 309 kcal

Semoule aux fruits

500 ml de lait (1/2 l)
zeste de 1/2 citron
1 sachet de sucre vanillé
25 g de sucre
1 pincée de sel
40 de semoule
1 œuf, blanc et jaune séparés
125 g de framboises surgelées
2 kiwis
1 c. à café de miel
1 c. à café de jus de citron

1. Porter le lait à ébullition avec le zeste de citron, le sucre vanilliné, le sucre et une pincée de sel.
2. Verser la semoule en pluie, la faire gonfler à feu doux 5 min.
3. Battre le blanc en neige ferme.
4. Mélanger le jaune d'œuf à la semoule. Incorporer délicatement le blanc en neige.
5. Répartir la semoule dans 4 coupes et laisser refroidir.
6. Faire décongeler les framboises dans une terrine. Peler les kiwis, les couper en morceaux, les mélanger aux framboises. Ajouter le miel et le jus de citron.
7. Dresser les fruits sur la semoule.

Préparation : env. 15 min
Cuisson : env. 5 min
Par portion : env. 860 kJ / 205 kcal

Conseil diététique

La semoule – un aliment en général fabriqué avec des grains de blé et qui ne contient plus que la farine débarrassée de l'enveloppe et du germe. En plus de cette semoule d'une assez faible valeur nutritionnelle, le commerce propose aussi de la semoule complète qui contient tous les composants d'origine du grain de blé. Si vous voulez vraiment gâter votre enfant, achetez de la semoule complète de blé dur. Celle-ci contient des glucides qui apportent de l'énergie en calmant l'appétit, sous forme d'amidon, de protéines végétales, d'acides gras essentiels ainsi que de vitamines, de minéraux et de fibres.

Riz au kéfir et prunes

80 g de riz nature
1 c. à café de beurre
1 pot de kéfir (500 ml)
30 g de sucre
250 g de prunes
2 c. à soupe de sucre à la cannelle

1. Nacrer brièvement le riz nature dans le beurre très chaud. Ajouter le kéfir et porter à ébullition. Mélanger le sucre. Faire gonfler env. 30 min à feu doux. Remuer de temps en temps.
2. Laver les prunes, les couper en 2 et les dénoyauter.
3. Mélanger les prunes avec le riz. Répartir sur 4 assiettes.
4. Saupoudrer de sucre à la cannelle et servir très chaud.

Préparation : env. 15 min
Cuisson : env. 30 min
Par portion : env. 1060 kJ / 253 kcal

Conseil diététique

Le kéfir – produit laitier fermenté, originaire du Caucase. Pour déclencher la fermentation du lait, on ajoute ce qu'on appelle des grains ou champignons de kéfir. Ceux-ci développent une certaine acidité et rendent le produit pétillant en raison de la formation d'acide carbonique. On peut fabriquer soi-même son kéfir, à condition d'avoir les grains ou le champignon de kéfir : mélanger ceux-ci avec du lait et laisser reposer un jour à env. 20 degrés. C'est tout ! Il n'y a plus qu'à retirer les grains de kéfir. Pour cela, filtrer le kéfir puis le faire égoutter. Rincer les grains à l'eau. Les conserver dans un pot de confiture rempli d'eau jusqu'à la prochaine fabrication de kéfir. (Changer l'eau tous les 2 jours.) Ce produit laitier ainsi fabriqué – ou acheté – contient les composants du lait sous une forme légèrement différente. Par les levures qui ont été activées, il s'est formé une faible dose d'alcool.

Conseil diététique

Le riz cargo ou riz complet – souvent appelé aussi riz brun en raison de sa couleur. C'est le riz à la plus haute valeur nutritionnelle. Contrairement du riz décortiqué et poli – appelé aussi riz blanc – le riz complet est seulement débarrassé de son enveloppe extérieure (la balle). Le germe et la pellicule argentée sont conservés. Le riz cargo a une teneur élevée en fer, en potassium, magnésium, phosphore et vitamines B. Surtout la teneur en vitamine B1 (thiamine) – appelée aussi la vitamine pour les nerfs – est beaucoup plus élevée que dans le riz poli. Les plats préparés avec du riz cargo ont un goût plus intense. Si l'on associe des produits laitiers et des fruits frais à un plat de riz cargo, celui-ci n'est alors pas seulement un dessert apprécié mais il peut tout à fait tenir lieu de repas car les 3 aliments se complètent parfaitement au niveau nutritionnel.

Salade de fruits

- 1 petit melon (400 g)
- 150 g de raisin
- 400 g de fraises
- 2 c. à soupe de jus de citron
- 2 c. à soupe de miel
- mélisse pour décorer (facultatif)

1. Couper le melon en deux, retirer les pépins et évider la pulpe avec une cuillère parisienne pour obtenir des petites boules (ou bien ôter la peau du melon et couper la chair en dés).
2. Laver les raisins et couper les grains en deux.
3. Laver les fraises, les équeuter et les couper en deux (facultatif).
4. Mélanger tous les fruits. Ajouter le jus de citron et le miel et mélanger.
5. Dresser la salade dans une coupe et décorer de mélisse (facultatif).

Préparation : env. 20 min
Par portion : env. 446 kJ / 111 kcal

Flan à la vanille sur fruits rouges en gelée

- 250 ml de jus de fruits rouges
- (1/4 l, p. ex. de jus de groseilles, de framboises, de mûres ou de cerises)
- env. 1 c. à soupe de sucre
- 1 c. à soupe de jus de citron
- 20 de fécule
- 500 ml de lait
- 2 c. à soupe de sucre
- 1 sachet de flan à la vanille en poudre
- 200 g de crème liquide
- 1 sachet de sucre vanillé

Conseil diététique

Le sucre vanilliné – un aromate très utilisé pour les desserts et la pâtisserie, composé de sucre et de vanilline, arôme synthétique. Le sucre vanillé par contre, contient de la gousse de vanille hachée, reconnaissable aux petits points noirs. Vous pouvez bien sûr fabriquer vous-même votre sucre vanillé : mélangez du sucre avec une gousse de vanille dont vous grattez l'intérieur. Conserver dans un pot bien fermé. Au lieu de prendre un sachet de sucre vanilliné, prenez alors 1 bonne c. à café de sucre vanillé.

1. Bien mélanger le jus de fruits avec le sucre, le jus de citron et la levure et porter à ébullition en mélangeant. Faire cuire 1 minute.
2. Mettre les fruits rouges en gelée dans une coupe plate et laisser refroidir.
3. Réserver 2 c. à soupe de lait. Porter le reste du lait à ébullition avec le sucre.
4. Mélanger le flan en poudre avec le lait réservé. Mélanger au lait bouillant et faire cuire.
5. Rincer un plat à l'eau froide. Y verser le flan et laisser refroidir.
6. Renverser le flan sur les fruits rouges en gelée. Décorer éventuellement.
7. Battre la crème avec le sucre vanillé et la servir avec le flan.

Préparation : env. 25 min
Par portion : env. 1386 kJ / 330 kcal

Yaourt en gelée aux bananes caramélisées

6 feuilles de gélatine blanche
2 pots de yaourt à boire
(de 150g chacun)
100 ml de lait, 75 g de sucre
1 sachet de sucre vanillé
zeste râpé de 1/2 citron
2 c. à soupe de jus de citron
80 g de sucre
150 ml de jus d'oranges
2 bananes
feuilles en chocolat (facultatif)

1. Faire tremper la gélatine dans l'eau froide.
2. Mettre le yaourt à boire dans un saladier, le mélanger avec le lait, le sucre, le sucre vanillé, le zeste de citron et le jus.
3. Délayer la gélatine dans très peu d'eau et l'ajouter au mélange de yaourt.
4. Rincer un moule à l'eau froide. Le remplir de la préparation et laisser prendre au réfrigérateur.
5. Faire caraméliser le sucre dans une petite casserole. Verser le jus d'oranges et faire cuire jusqu'à obtention d'une consistance épaisse.
6. Peler les bananes, les couper en rondelles et les retourner dans la sauce.
7. Renverser le yaourt en gelée sur un plat. Dresser les bananes à côté. Décorer éventuellement de feuilles en chocolat.

Préparation : env. 25 min
Par portion : env. 1386 kJ / 330 kcal

MA PAGE RECETTE

Flan du roi Babar à la sauce au chocolat

Pour 4 portions, il te faut :

pour le flan :
- 500 ml de lait (1/2 l)
- 1 sachet de flan à la vanille en poudre
- 2 c. à soupe de sucre (40 g)

pour la sauce au chocolat :
- 250 ml de lait (1/4 l)
- 1 sachet de sauce au chocolat en poudre

pour décorer :
- 100 g de mandarines en boîte
- 1 perle de sucre

tu réunis les ustensiles suivants :
1 pichet gradué
1 pichet
1 cuillère à soupe
1 marmite
1 cuillère à sauce
1 moule en forme d'éléphant
1 fouet

1. Verser 6 c. à soupe de lait dans le récipient.

2. Ajouter le flan en poudre. Bien mélanger.

3. Verser le reste du lait dans la marmite. Ajouter le sucre. Porter à ébullition à feu vif (pos. 3 ou 12).

4. Retirer la marmite de la plaque (Baisser la température, à pos. 1 ou 4).

5. Remuer encore une fois la poudre de flan. La verser dans le lait chaud tout en remuant soigneusement.

6. Porter le flan une nouvelle fois à ébullition en remuant constamment.

7. Rincer à l'eau froide un moule en forme d'éléphant. Y verser le flan, laisser refroidir.

8. Pour la sauce au chocolat, mettre le lait dans le récipient gradué. Y verser la sauce en poudre.

9. Battre vigoureusement au fouet env. 1 minute.

10. Renverser le flan sur un plat. Voilà comment on fait : poser le plat sur le moule, ternir des deux mains et tourner dans l'autre sens.

11. Mettre un peu de sauce au chocolat sur le plat. Verser le reste dans un petit pot à bec verseur.

12. Décorer le flan de mandarines. Poser une perle de sucre en guise d'œil.
Par portion env. 1045 kJ / 249 kcal

LE SOIR

Un enfant doit grandir mais non pas s'empâter. C'est pourquoi le repas du soir devra être léger, adapté au besoin plus faible en énergie du corps qui entre en phase de repos. Ce besoin varie selon l'âge; les grands ont besoin d'un dîner plus copieux que les petits. Mais il ne faut pas se contenter de servir des sandwiches – ni les enfants ni les diététiciens ne l'apprécieront. Si vous préparez des tartines, alors faites des petites surprises : tartines simples mais délicieuses, légères et faciles à marier à d'autres plats. Pour que chacun obtienne l'apport en calories dont il a besoin, nous proposons un dîner composable. Le grand pourra manger, en plus d'une assiette de crudités, une grosse tartine. Ou si le benjamin mange un plat de riz au lait, les plus grands pourront déguster ce mets comme dessert. Il faudra aussi penser à la boisson, indispensable au dîner des enfants, mais en choisissant des boissons qui n'excitent pas et proposer par exemple des tisanes en alternant avec des infusions de fruits, du jus de pommes, du jus de fruits coupé d'eau gazeuse, du lait ou un délicieux drink aux fraises.

Mini-pizzas

pour 4 portions

- 100 g de champignons
- 1 poivron vert
- 2 petites tomates
- papier de cuisson pour la plaque
- 8 tranches de pain suédois rond
- 30 g de beurre ou de margarine pour les tranches
- 2 briques de tomates en morceaux avec courgettes et poivrons (de 200 g chacun)
- 2 c. à soupe d'huile d'olive
- 100 g de fromage à pâte dure (45 % de mat. grasse)

1. Laver les champignons et les couper en rondelles. Couper le poivron en deux, retirer les graines, le laver et le couper en lamelles. Laver les tomates et les couper aussi en tranches.
2. Poser une feuille de papier de cuisson sur une plaque de four.
3. Beurrer les tranches de pain suédois et les poser sur la plaque.
4. Répartir le mélange de tomates en brique sur les tranches, ajouter les champignons et le poivron, arroser d'huile.
5. Râper grossièrement le fromage et saupoudrer la préparation.
6. Faire gratiner les mini-pizzas dans le four préchauffé, pendant 10 min.

Préparation : env. 15 min
Cuisson : env. 10 min
Four élect. 200–220 °C
Four à gaz : th. 2
Par portion : env. 1368 kJ / 326 kcal

Tarte épicée

- 225 g de farine complète de blé
- 125 g de beurre ou de margarine
- 1 c. à café de sel de mer
- 6–8 c. à soupe d'eau
- graisse pour le moule
- 1 jaune d'œuf
- 4 c. à soupe de lait
- 1/2 c. à café de miel
- 500 g de fromage blanc (40 %)
- env. 4 c. à soupe de crème liquide
- sel de mer
- 2 gousses d'ail
- 2 bouquets d'aneth ou de ciboulette
- 1 botte de radis ou
- 1 poivron rouge
- 1 concombre
- 2 œufs durs

1. Mettre la farine complète, la graisse ramollie et l'eau dans une terrine et pétrir le tout avec le fouet à crochets du mixeur à main. Façonner une boule de pâte à la main et laisser reposer 30 min.
2. Graisser le fond mobile d'un moule (Ø 26 cm). Abaisser la pâte. Garnir le fond mobile de pâte en formant un bord étroit. Piquer le fond avec une fourchette.
3. Faire cuire la pâte env. 10 min dans le four préchauffé.
4. Battre le jaune d'œuf avec le lait et le miel, en badigeonner le fond et le bord et faire cuire encore la tarte 10 à 15 min. La laisser refroidir sur une grille.
5. Pour la garniture, mélanger le fromage blanc avec la crème liquide et le sel de mer (ne pas le rendre trop liquide).
6. Peler les gousses d'ail et les passer au presse-ail. Laver les herbes, les éponger. Hacher l'aneth, ciseler la ciboulette.
7. Mélanger l'ail et la moitié des herbes avec le fromage blanc.
8. Nettoyer les radis ou bien retirer les graines du poivron, laver le tout avec le concombre. Couper les légumes en petits dés. Ecaler les œufs et les couper aussi en petits dés.
9. Badigeonner le fond de tarte de fromage blanc. Y répartir les herbes, les légumes et les œufs en forme de cercles. Servir aussitôt.

Préparation : env. 30 min
Cuisson : 20 à 25 min
Par portion : env. 1575 kJ / 373 kcal

Conseil diététique

La farine complète de blé – fabriquée avec la céréale d'origine – comprend tous les nutriments se trouvant naturellement dans cette céréale. Si vous possédez un moulin à céréales, il ne faudra moudre les grains que juste avant utilisation. C'est aussi très intéressant pour les enfants qui peuvent observer la transformation des grains de blés en fine farine – sans qu'on ajoute d'autres substances et sans qu'on élimine certaines parties. Naturellement, vous pouvez aussi faire moudre le grain – on ne possède pas forcément un moulin à céréales tout de suite. Le grain moulu en farine peut être congelé, ce qui constitue un moyen de conservation idéale car les pertes nutritionnelles sont minimes.

Pizza aux champignons et tomates

pour 2 portions

- 200 g de jambon cuit en tranches
- 1 boîte de champignons de Paris en rondelles
- (poids net 230 g)
- papier de cuisson pour la plaque
- 1 boîte de pâte feuilletée pour croissants (250 g)
- 1 boîte de tomates
- (poids net 240 g)
- herbes mélange spécial pizza
- 200 g de fromage râpé (45 % de mat. grasse)

1. Couper le jambon en lanières. Verser l'eau des champignons, égoutter.
2. Poser du papier de cuisson sur la plaque du four.
3. Abaisser la pâte pour en faire une galette ronde (Ø 26 cm).
4. Verser l'eau des tomates, couper celles-ci en dés et les répartir sur la pâte. Ajouter les lanières de jambon et les champignons.
5. Saupoudrer d'herbes aromatiques et de fromage râpé.
6. Enfourner dans le four préchauffé et faire cuire env. 23 min. Servir très chaud

Préparation : env. 15 min
Cuisson : env. 25 min
Four électr.: 200 à 225 °C
Four à gaz : th. 3 à 4
Par portion : env. 4465 kJ / 1063 kcal

Salade au poivron, et maïs et œuf

pour 2 portions

- 3 petits poivrons (rouge, jaune et vert)
- 1 boîte de maïs en grains (poids net 285 g)
- 1 pot de yaourt (150 g)
- 2 c. à café de sauce de salade
- 2 c. à soupe de jus de citron
- sel
- poivre (facultatif)
- 1 c. à café de sucre
- 1 bouquet de persil
- 2 œufs durs

1. Couper les poivrons en deux, retirer les graines, les laver et les couper en dés. Faire égoutter le maïs.
2. Mélanger le yaourt à boire avec la sauce de salade et le jus de citron, assaisonner.
3. Mélanger les légumes, arroser de sauce de salade et bien remuer le tout.

4. Laver le persil, l'éponger et le hacher. L'incorporer à la salade.
5. Ecaler les œufs, les couper en deux. Dresser la salade dans un plat, poser les œufs par-dessus.

Préparation : env. 15 min
Par portion : env. 1518 kJ / 362 kcal

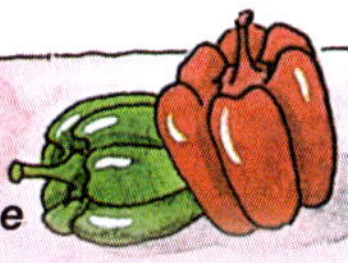

Conseil diététique

Le poivron – de la famille des solanacées, un légume à la saveur douce et à la chair jaune, rouge ou verte. Sa valeur nutritionnelle tient surtout à sa teneur relativement haute en vitamine C. Les poivrons rouges mûrs ont une saveur plus sucrée que les verts. A l'achat, veiller à les choisir à chair ferme. Sinon, il s'agit de poivrons plus vieux qui n'ont ni la saveur, ni le croquant ni la teneur en vitamines qu'on est en droit d'attendre de poivrons frais.

Croque fricadelle, carottes râpées et drink aux fraises

pour 1 portion

- 200 g de carottes
- 1 c. à soupe de jus de citron
- 3 c. à soupe de lait de beurre
- 1 c. à café de raifort râpé
- sucre pour l'assaisonnement
- sel (facultatif)
- 1 petit pain complet
- 2 feuilles de salade
- 1 fricadelle (env. 70 g)
- 1 c. à café de sauce rémoulade
- 100 g de fraises
- 2 c. à café de sucre
- 150 ml de kéfir allégé

1. Bien laver les carottes, les peler éventuellement et les râper grossièrement.
2. Mélanger le jus de citron, le lait de beurre et le raifort râpé. Ajouter le sucre et saler éventuellement. Mélanger la sauce aux carottes râpées.
3. Couper le petit pain en deux. Laver les feuilles de salade et bien les sécher avec du papier absorbant.
4. Garnir la moitié inférieure du petit pain de feuilles de salade et de la fricadelle. Ajouter la sauce rémoulade et poser par-dessus l'autre moitié de petit pain.
5. Laver les fraises, les équeuter et les écraser. Les mélanger avec le sucre et le kéfir et les mettre dans un verre.

Préparation : env. 15 min
Par portion : env. 1940 kJ / 462 kcal

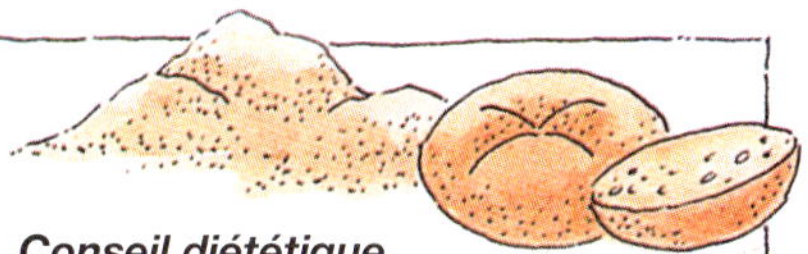

Conseil diététique

Les petits pains complets – comme tous les produits à base de céréales complètes, contiennent de l'amidon, fournisseur d'énergie, ainsi que des vitamines et des sels minéraux, substances essentielles. De plus, par leur teneur en fibres, ils remplissent l'estomac en calmant l'appétit et sont nourrissants sans fournir d'énergie – donc de calories. Un petit pain complet frais et croustillant, servi avec des crudités riches en vitamines et une boisson aux fraises constitue un repas spécial vitamines.

Tartine au corned beef et aux légumes

pour 1 portion

1 botte de radis
1 petite carotte
2 tranches de pain complet de blé
2 c. à café de beurre ou de margarine (10 g)
1 c. à soupe de sauce au yourt
2 tranches de corned beef (50 g)
1 gros cornichon
1 verre de lait (200 ml)

1. Couper les fanes de radis, laver les radis, peler et laver la carotte.
2. Tartiner une tranche de pain. Badigeonner la deuxième tranche de sauce au yaourt et ajouter le corned beef.
3. Couper les radis en deux, la carotte en bâtonnets, le cornichon en rondelles.
4. En garnir le corned beef.
5. Dresser le reste des légumes à côté des tartines.

Préparation : env. 10 min
Au total : env. 2120 kJ / 505 kcal

Conseil diététique

Des crudités pour accompagner une tartine le soir – ce n'est pas seulement pour la bonne santé de votre enfant. Servir au dîner des crudités multicolores – bien sûr choisies selon les préférences de l'enfant – cela est bien plus attrayant et permet plus de variétés. Les radis, la carotte et le cornichon peuvent être remplacés au gré de votre fantaisie par d'autres légumes, tels que des morceaux de tomates, de concombre, des bâtonnets de chou-rave, des bouquets de chou-fleur ou des lamelles de poivron, qui apporteront tous une petite note de gaité au repas.

Salade de pommes de terre et bâtonnets de poisson

750 g de pommes de terre
sel
1 concombre
1 pot de yaourt à boire (150 g)
100 ml de sauce de salade aux herbes (sans huile)
2 c. à soupe de sauce au yaourt
1 boîte de bâtonnets de poisson (15 bâtonnets)
2 c. à soupe d'huile
1 barquette de cresson alénois

1. Laver soigneusement les pommes de terre, les faire cuire dans l'eau salée bouillante env. 20 min. Verser l'eau, faire refroidir rapidement les pommes de terre à l'eau froide.
2. Peler et couper les pommes de terre en morceaux. Laver le concombre et le couper en dés. Mélanger les dés de concombre avec les rondelles de pommes de terre.
3. Pour la sauce d'accompagnement, mélanger le yaourt à la sauce de salade et à la sauce au yaourt. Saler.

4. Mélanger cette sauce aux pommes de terre et laisser bien reposer le tout.
5. Bien faire rissoler les bâtonnets de poisson des deux côtés dans l'huile très chaude.
6. Couper le cresson, le laver et l'essuyer. Saupoudrer la salade de feuilles de cresson.

Préparation : env. 20 min
Cuisson : env. 25 min
Env. 1709 kJ / 407 kcal

Œuf brouillé aux légumes

pour 2 portions

- 2 petits poivrons (300 g)
- 2 carottes (150 g)
- 1 boîte de maïs en grains (poids net 285 g)
- 20 g de margarine, 4 œufs
- 4 c. à s. d'eau minérale, sel
- noix de muscade râpée
- 2 c. à s. de ketchup de tomate
- 1 tranche de pain de mie complet

1. Laver les courgettes et les râper grossièrement. Peler et laver les carottes, les couper en fines rondelles. Verser le maïs dans une passoire et laisser égoutter.
2. Faire chauffer la margarine et faire revenir doucement les carottes pendant quelques minutes. Y incorporer les courgettes râpées et le maïs et faire revenir le tout encore quelques minutes.
3. Battre les œufs avec l'eau minérale et les épices, les verser sur les légumes. Faire prendre les œufs en les poussant constamment à la spatule pour former des flocons.
4. Servir l'œuf brouillé aux légumes avec le ketchup et le pain de mie grillé.

Préparation : env. 15 min
Cuisson : env. 10 min
Env. 2158 kJ / 514 kcal

Crudités avec toast au cresson

2 portions

250 g de carottes
2 petites pommes (250 g)
1 c. à café de jus de citron
2 c. à soupe de crème fraîche
1 à 2 c. à soupe de jus de citron
sucre pour l'assaisonnement
2 tranches de pain de mie complet
20 g de beurre ou de margarine
1 barquette de cresson alénois
2 œufs durs
2 verres de lait entier (de 200 ml chacun)

1. Peler les carottes, les laver et les râper grossièrement. Laver les pommes, en retirer le centre, les couper en tranches et les arroser de jus de citron (pour qu'elles ne noircissent pas). Dresser le tout sur 2 assiettes.
2. Assaisonner la crème fraîche de jus de citron et de sucre. En napper les légumes.
3. Faire griller les tranches de pain de mie et les tartiner.
4. Couper le cresson, le laver et l'essuyer. Le répartir sur le toast. Ecaler les œufs, les couper en deux et les poser par-dessus.
5. Servir avec le lait entier.

Préparation : env. 15 min
Env. 2250 kJ / 536 kcal

Conseil diététique

Faire germer soi-même du cresson – cela plaît beaucoup aux enfants. Disposer sur une assiette plate un peu de coton que vous humidifiez. Répartir régulièrement 1 ou 2 c. à soupe de graines de cresson en les humidifiant avec précaution. Maintenant, les graines peuvent gonfler à condition de rester humidifiées. Au bout de 1 ou 2 jours, l'enveloppe de la graine éclate et une petite pousse apparaît qui se met à grandir. Au bout de 3 à 4 jours, les premières petites feuilles sortent : bientôt toutes les graines seront devenues des plantes de 5 à 6 cm. La récolte peut alors commencer. Pour cela, couper aux ciseaux les tendres tiges à ras, juste au-dessus du coton. Bien sûr, on peut acheter dans le commerce des récipients d'argile prévus pour la germination du cresson. Le cresson tout frais n'est pas seulement un agréable condiment pour les tartines. Il apporte aussi une saveur supplémentaire aux plats de fromage blanc ou à diverses vinaigrettes et salades.

Tartine de concombre au fromage blanc

1 portion

- 100 g de fromage blanc (20 %)
- 3 c. à soupe de lait
- 1 c. à soupe de crème fraîche
- 1/2 concombre
- 2 c. à soupe d'herbes surgelées
- sel, poivre
- ail en poudre
- paprika doux
- 1 tranche de pain complet de seigle
- 2 tranches de pain suédois complet
- 20 g de beurre ou de margarine

1. Mélanger le fromage blanc avec le lait et la crème fraîche.
2. Laver le concombre, couper quelques rondelles. Peler le reste du concombre et le râper grossièrement. Le mélanger au fromage blanc avec les herbes.
3. Saler et poivrer la préparation et ajouter l'ail et le paprika.
4. Beurrer la tartine.
5. Badigeonner la tartine de fromage blanc au concombre.
6. Dresser le reste dans une coupe. Décorer de rondelles de concombre, manger avec la tartine de pain suédois.

Préparation : env. 10 min
Env. 2150 kJ / 512 kcal

Toast au thon

Pour 4 portions, il te faut :

- 4 tranches de pain de mie
- beurre pour tartiner
- 1 boîte de thon naturel (poids net 150 g)
- 2 tomates
- 4 tranches de fromage, p. ex. de l'edamer (de 20 g chacune)
- 1 tomate et 1 brin de persil pour la garniture

tu réunis les ustensiles suivants :
1 grille-pain
1 couteau
1 plaque de four
1 ouvre-boîte
1 passoire
1 couteau de cuisine

1. Allumer le four, le régler sur 225 °C ou sur th. 4 pour le four à gaz.

2. Faire griller le pain de mie dans le grille-pain et le laisser ensuite un peu refroidir.

3. Beurrer légèrement les tranches.

4. Poser les tranches de pain sur une plaque de four.

5. Ouvrir la boîte et mettre le thon à égoutter dans une passoire.

6. Laver les tomates, retirer le pédoncule.

7. Couper les tomates en rondelles de même épaisseur.

8. Disposer le thon et les tomates sur les tranches de pain de mie.

9. Recouvrir le tout de tranches de fromage.

10. Enfourner la plaque – sur le rail du milieu. Faire cuire jusqu'à ce que le fromage soit fondu. Cela dure 4 à 6 minutes.

11. Laver la tomate et le persil et les essuyer.

12. Garnir le toast de pluches de persil et de quartiers de tomates.
Env. 1106 kJ / 263 kcal

FÊTES D'ENFANTS

La mère qui pense devoir tout faire toute seule sera finalement vraiment seule. Pour être clair : elle se sentira abandonnée de tous. C'est pourquoi, quand un événement particulier s'annonce – anniversaire d'enfant, fête d'été, piquenique ou fête de jardin – il sera mieux de réunir un conseil de famille. Tout d'abord, chacun pourra faire part de ses désirs et de ses souhaits. Un membre de la famille notera toutes les idées. Puis, il faudra faire le tri et ne garder qu'une suggestion – le reste sera mis de côté pour une autre occasion. Il ne s'agit en effet pas de réaliser mille idées à la fois, mais de développer un thème de fête du début jusqu'à la fin : cartes d'invitation, décoration de table, délices culinaires, qui font l'objet de ce chapitre. Ensuite, les tâches seront réparties et vous nommerez des responsables : qui fait les courses, qui fait la cuisine, qui fait la pâtisserie ? Qui s'occupe des boissons ? Qui organise les jeux ? Qui s'occupe de la décoration ? Le conseil de famille établira la liste d'invités en pensant au lieu ou à la salle permettant un déroulement harmonieux de la fête. Mais la règle d'or de tous ces préparatifs règne: on ne commence jamais assez tôt !

Gâteau glacé à la cerise

- 2 oeufs, blancs et jaunes séparés
- 75 g de sucre
- 1 sachet de sucre vanillé
- zeste râpé d'un citron non traité
- 40 g de farine, 20 g de fécule
- 1/2 c. à c. de levure alsacienne
- graisse, chapelure
- 500 g de griottes
- 500 ml de glace à la vanille
- 1/2 sachet de graines de pavot (250 g)
- 50 g de copeaux de chocolat

1. Fouetter les blancs en neige très ferme tout en versant en pluie le sucre et le sucre vanilliné.
2. Incorporer le jaune et le zeste de citron.
3. Mélanger la farine, la fécule et la levure alsacienne, les délicatement aux blancs en neige.
4. Graisser un moule à cake (longueur 26 cm) et saupoudrer de chapelure. Y verser la pâte, mettre au four préchauffé et faire cuire 25 à 30 min. Démouler en renversant le gâteau et laisser refroidir.
5. Pour la garniture, laver les griottes, les dénoyauter.
6. Faire un peu décongeler la glace. Entre-temps, couper le fond de biscuit en deux, à l'horizontale.
7. Mélanger à la glace d'abord les graines de pavot puis les cerises.
8. Tapisser le moule à cake d'une couche de masse glacée puis d'une couche de biscuit et continuer en alternant.
9. Faire prendre le gâteau glacé dans le freezer 4 à 5 heures. Avant de servir, le faire un peu fondre pour qu'il soit crémeux.
10. Renverser le gâteau sur un plat et saupoudrer de copeaux en chocolat. Permet de faire env. 16 tranches.

Préparation : env. 1 heure
Cuisson : 20 à 25 min
Four électr. 180 °C / gaz th. 2
Par tranche env. 630 kJ / 150 kcal

Gaufres fourrées aux fruits

Pour 24 parts:

- 400 g de mélange à pâtisserie pour gaufres (prép. industrielle)
- 125 g de beurre à température ambiante
- 2 œufs, 4 c. à. s. de lait
- Beurre pour le gaufrier
- 150 g de compote de coings
- 4 c. à. s. de marmelade de cynorhodon.
- Sucre glace à saupoudrer
- Chocolat râpé pour la garniture

1. Préparer la pâte à gaufre selon les indications de l'emballage.
2. Beurrer le moule à gaufre et le préchauffer.
3. Mélanger dans un récipient la compote de coings et la marmelade de cynorhodon.
4. Faire les gaufres une à une dans le gaufrier et les napper du mélange de fruits. Recouvrir d'une autre gaufre, poudrer de sucre glace, garnir de chocolat râpé. Couper les gaufres en parts de gâteau et servir.

Préparation : 40 min
Par morceau env. 492 kJ/117 kcal

Gâteau d'anniversaire

1 p. de „flocons de chocolat"
100 g de margarine, 2 oeufs
3 à 4 c. à soupe d'eau
200 g de pâte d'amandes
1 gousse de vanille
50 g d'amandes hachées
margarine pour le moule
100 g de confiture d'abricots
50 g de sucre glace
colorants alimentaires, bougies
porte-bougie (magasin de bricolage)

1. Mélanger la préparation en poudre avec la margarine, les oeufs et l'eau selon le mode d'emploi de l'emballage. Ecraser la moitié de la pâte d'amandes, l'ajouter.
2. Intégrer à la pâte les flocons de chocolat joints au paquet, l'intérieur de la gousse de vanille gratté au couteau et les amandes.
3. Graisser un moule à fond mobile (Ø 26 cm). Verser la pâte, la lisser, la mettre au four préchauffé, faire cuire 45 à 50 min.
4. Démouler le gâteau une fois cuit, et laisser refroidir.
5. Faire légèrement chauffer la confiture et en badigeonner le gâteau.
6. Faire chauffer le glaçage joint au paquet selon le mode d'emploi et en napper le gâteau.
7. Pétrir le reste de la pâte d'amandes avec le sucre glace. Colorer la moitié en rose avec du colorant alimentaire, abaisser la pâte, découper un éléphant, déposer celui-ci sur le gâteau. Colorer le reste en vert et en jaune, abaisser la pâte et découper un palmier et de l'herbe que vous déposez aussi sur le gâteau.
8. Mettre les bougies dans les porte-bougie puis sur le gâteau.

Pour env. 12 parts.

Préparation : env. 45 min
Cuisson : 45 à 50 min
Four électr. 180 °C / gaz th. 2
Par morceau env. 1632 kJ/389 kcal

Cartons de table „brownies"

1 préparation en poudre de brownies au chocolat
125 g de margarine
3 oeufs
200 g de sucre glace
3 c. à soupe de jus de fruit coloré (p. ex. d'aspérules ou de cerises)
fondant „spécial écriture" en tube, vermicelles de sucre

1. Mélanger la préparation en poudre avec la margarine et les oeufs selon le mode d'emploi de l'emballage. Ajouter les flocons de chocolats joints au paquet.
2. Verser la pâte dans le moule joint au paquet, lisser et mettre au four préchauffé. Faire cuire env. 45 min. Démouler et laisser refroidir.
3. Couper les brownies en petits carrés.
4. Répartir le sucre glace en petites quantités pour le mélanger dans différents jus. En napper les petits carrés. Laisser sécher.
5. Ecrire les noms en sucre coloré. Décorer les cartons de table de vermicelles de sucre. Pour env. 18 cartons.

Préparation : env. 40 min
Cuisson : env. 45 min
Four électr. 150 °C
Four à gaz : th. 1 à 1,5
Par carton : env. 848 kJ / 202 kcal

Bouchées du Roi grenouille

- 3 oeufs, blancs et jaunes séparés
- 2 c. à soupe d'eau chaude
- 125 g de sucre, 1 pincée de sel
- 150 g de farine
- 50 g de fécule
- 3 c. à café de levure chimique
- 16 caissettes en papier sulfurisé (Ø 6 cm)
- crème pâtissière en sachet pour 250 ml de lait (1/4 l)
- 1 colorant alimentaire vert
- 125 g de crème fleurette
- 150 g de sucre glace
- 20 g de cacao en poudre
- 2 à 3 c. à soupe d'eau
- 1 cube de graisse de coco (25 g)
- perles de sucre pour décorer

1. Fouetter le jaune avec l'eau, le sucre et une pincée de sel en une crème épaisse.
2. Battre les blancs en neige ferme et les verser sur la crème de jaunes d'oeuf.
3. Mélanger la farine avec la fécule et la levure chimique, la tamiser sur les blancs en neige. Mélanger délicatement le tout au fouet.
4. Remplir de pâte les caissettes en papier sulfurisé, le mieux étant de prendre une poche à douille lisse.
5. Dans le four préchauffé, faire cuire 12 à 15 min. Laisser refroidir les tartelettes.
6. Entre-temps faire la garniture : préparer la crème pâtissière comme indiqué sur le sachet, y ajouter quelques gouttes de colorant alimentaire, bien mélanger, laisser refroidir.
7. Battre fermement la crème fleurette en chantilly, l'incorporer à la crème pâtissière refroidie.
8. Mettre la crème dans une poche à douille cannelée.
9. Démouler les bouchèes, les couper en deux. Remplir une moitié de crème.
10. Préparer une couverture de sucre glace, cacao, eau et graisse de coco fondue. En recouvrir l'autre moitié posée de biais sur la crème.
11. Placer les perles en appuyant sur la couverture encore humide.

Pour env. 16 parts.

Préparation : env. 45 min
Cuisson : 12 à 15 min
Four électr. 200 °C / gaz th. 3
Par tartelette : 852 kJ / 203 kcal

Gâteau aux petits beurres et noix de coco

- 250 g de graisse végétale de coco
- 2 oeufs
- 150 g de jus de citron
- 150 g de copeaux de noix de coco
- papier sulfrisé pour le moule
- env. 25 petits beurres bruns (rectangulaires)
- pâte de fruits pour décorer

1. Faire fondre la graisse de coco puis la laisser refroidir.
2. Mettre les oeufs et le sucre glace dans une terrine, les battre en une masse mousseuse. Ajouter le jus de citron et les copeaux de noix de coco.
3. Incorporer peu à peu la graisse de coco liquide.
4. Tapisser de papier sulfrisé un moule à cake. Remplir le moule en alternant la graisse de coco et les petits bruns, la dernière couche étant la graisse de coco.
5. Décorer le gâteau de pâte de fruits et laisser reposer au réfrigérateur au moins 1 demi-journée.

Pour env. 25 tranches.

Préparation : 15 min
Par tranche env. 718 kJ / 171 kcal

Gâteau d'anniversaire aux noisettes

- 250 g de margarine
- 200 g de sucre
- 1 sachet de sucre vanillé
- 4 oeufs
- 250 g de noisettes en poudre
- 250 g de farine
- 3 c. à café de levure alsacienne
- margarine pour le moule
- sucre glace pour saupoudrer
- 1 bougie, un ruban
- petits gateaux au chocolat

1. Mettre dans une terrine la margarine, le sucre et le sucre vanillé, et mélanger pour obtenir une masse mousseuse. Ajouter peu à peu les oeufs et remuer jusqu'à ce que le sucre soit fondu.
2. Mélanger les noisettes, la farine et la levure alsacienne, les incorporer.
3. Graisser un moule à kouglof, y verser la pâte et mettre au four préchauffé. Faire cuire 50 à 60 min. Laisser refroidir.
4. Mettre le gâteau sur un plat, placer une bougie au milieu. Décorer d'un ruban. Disperser des petits gâteaux au chocolat sur le plat.

Pour env. 24 parts.

Préparation : env. 25 min
Cuisson : 50 à 60 min
Four électr. 180 °C / gaz th. 2
Pour 1 part : env. 1010 kJ / 240 kcal

Petits pains complets aux raisins secs

pour 15 petits pains

- 450 g de blé concassé très fin (magasin de produits diététiques)
- 1 sachet de levure en poudre
- env. 250 ml de lait tiède (1/4 l)
- 3 c. à soupe de miel
- 1 pot de crème (150 ml)
- 1 oeuf, 1 pincée de sel de mer
- 150 g de raisins secs
- margarine pour la plaque
- 50 g de margarine pour badigeonner
- env. 150 g de crème de noisettes

1. Mélanger le blé concassé dans une terrine avec la levure en poudre.
2. Ajouter le lait, le miel, la crème, l'oeuf et la pincée de sel de mer et mélanger le tout avec le crochet du mixeur à main jusqu'à obtention d'une pâte lisse. Incorporer les raisins secs.
3. Laisser reposer la pâte à un endroit chaud jusqu'à ce qu'elle double de volume.
4. Pétrir à nouveau la pâte, la rouler en un gros boudin et la couper en 15 tranches.
5. Graisser une plaque de margarine. Façonner les tranches en petits pains, les poser sur la plaque et les laisser encore gonfler env. 20 min.
6. Faire fondre la margarine. En badigeonner les petits pains et mettre ceux-ci dans le four préchauffé. Faire cuire15 à 20 min, laisser refroidir.
7. Couper les petits pains, les tartiner de crème de noisettes et les emballer dans des sachets en plastique.

Préparation : env. 30 min
Cuisson : 15 à 20 min
Four électr. 200 °C / gaz th. 3
Par petit pain env. 1101 kJ/262 kcal

Fromage blanc aux herbes

pour 1 portion

- 1 c. à s. de graines de tournesol, germées (durée 2 jours et demi)
- 1 carotte (80 g), paprika doux
- 80 g de fromage blanc (20 %)
- env. 75 ml de lait
- 1/2 c. à c. de miel, sel de mer
- 1 c. à s. d'herbes hachées (aneth, ciboulette)

1. Faire tremper les graines de tournesol pendant 12 heures. La durée de germination dure encore env. 2 jours.
2. Peler et râper la carotte.
3. Mélanger le fromage blanc avec le lait, le miel, le sel de mer, le paprika et les herbes. Incorporer les graines de tournesol germées.
4. Verser le fromage blanc dans un ravier et disposer la carotte râpée pardessus. Bien fermer.
5. Mettre une cuillère dans le sac de pique-nique.

Préparation : env. 10 min
(sans la durée de germination)
Au total env. 1315 kJ / 313 kcal

Fromage blanc à la pêche

pour 1 portion

- 80 g de fromage blanc (20 %)
- env. 75 ml de lait
- 1 c. à café de miel
- 1 pointe de vanille naturelle
- 1 pêche mûre
- 1 c. à café de graines de pistache

1. Mélanger le fromage blanc avec le lait, le miel et la vanille.
2. Ebouillanter la pêche, la peler, la couper en deux et retirer le noyau. Couper les moitiés en fins quartiers.
3. Mélanger les quartiers de pêche au fromage blanc. Remplir un ravier et saupoudrer de pistaches.
4. Mettre une cuillère dans le sac de pique-nique.

Préparation : 10 à 15 min
Au total env. 1046 kJ / 249 kcal

Brochette de fruits secs

pour 1 portion

- 80 g de fruits secs mélangés
- des brochettes
- du film transparent, ruban de couleur vive (facultatif)

1. Enfiler les fruits secs sur la brochette en alternant les couleurs.
2. Emballer dans un film transparent. Fermer éventuellement avec de jolis rubans.

Préparation : env. 10 min
Au total env. 903 kJ / 215 kcal

Salade de riz au curry

pour 4 portions

- 350 g de riz naturel à longs grains, sel de mer, 1/2 ananas frais, 3 bananes (450 g)
- 50 g de grains de raisin
- 50 g d'amandes effilées
- 2 pots de yaourt (de 150 g)
- 1 c. à soupe de curry et de moutarde en poudre
- 1 c. à soupe de miel, 4 c. à soupe de jus de citron

1. Mettre le riz dans l'eau salée bouillante et le faire cuire env. 30 min. Verser l'eau et refroidir le riz à l'eau froide.
2. Couper l'ananas en deux, retirer l'écorce et le centre. Eplucher les bananes. Couper le tout en petits morceaux.
3. Mélanger le riz avec l'ananas, les bananes, les grains de raisin et les amandes.
4. Mélanger le yaourt avec le curry en poudre, le miel, le jus de citron, le sel de mer et la moutarde en poudre, rectifier l'assaisonnement.
5. Incorporer les ingrédients de la salade à la sauce et laisser reposer.
6. Mettre la salade dans des pots de verre et bien fermer.

Préparation : env. 60 min
env. 2730 kJ / 650 kcal

Salade de pâtes aux graines de tournesol

pour 8 portions

- 500 g de macaroni complets
- sel, 2 oignons
- 2 bottes de radis
- 1/2 concombre
- 2 pommes
- 4 c. à s. de vinaigre
- 2 à 3 c. à s. d'eau
- sel de mer, 2 c. à c. de moutarde
- 1/2 c. à c. de concentré de jus de poires (magasin de produits diététiques)
- 8 c. à s. d'huile de tournesol
- 2 c. à s. de ciboulette ciselée
- 2 c. à s. de graines de tournesol

1. Faire cuire les macaroni dans l'eau salée bouillante selon le mode d'emploi indiqué sur l'emballage. Verser l'eau, rincer les pâtes à l'eau froide, et laisser refroidir.
2. Peler et hacher les oignons. Parer les radis, les laver et les couper en rondelles. Laver le concombre et les pommes, retirer le centre des pommes. Couper le tout en dés.
3. Pour la sauce de salade, mélanger le vinaigre, l'eau, un peu de sel de mer, le concentré de jus de poire et l'huile de tournesol. Ajouter la ciboulette.
4. Mélanger tous les ingrédients à la sauce de salade. Laisser un peu reposer la salade.
5. Remplir un pot de verre de salade et saupoudrer de graines de tournesol. Bien fermer.

Ajouter au pique-nique des légumes frais, p. ex. des carottes, des concombres, des radis.

Préparation : env. 30 min
Env. 2730 kJ / 650 kcal

Salade de pommes de terres

pour 6 portions

- 1 kg de pommes de terre cuites, à chair ferme
- 250 g de petites tomates
- 1 pot de gros cornichons en tranches à l'aneth
- 1 oignon, ciboulette
- 250 g de mayonnaise (50 %)
- 1 c. à café de moutarde, sel, poivre

1. Peler les pommes de terre et les couper en rondelles. Laver les tomates, les couper en quartiers et retirer les pépins.
2. Verser l'eau des gros cornichons en tranches et faire égoutter.
3. Peler les oignons, les hacher finement.
4. Laver la ciboulette, l'éponger et la ciseler.
5. Assaisonner la mayonnaise avec de la moutarde, du sel et du poivre. Bien mélanger avec tous les ingrédients préparés.
6. Laisser reposer la salade env. 1 heure. Rectifier l'assaisonnement et dresser sur un plat.

Préparation : env. 25 min
Env. 1394 kJ / 332 kcal

Petites saucisses

pour 5 portions

- 20 petites saucisses à griller, fraîches ou surgelées (de 50 g)
- huile aromatisée, pour grillades
- ketchup de tomates

1. Faire un peu décongeler les petites saucisses - les badigeonner d'huile pour grillades.
2. Les faire bien dorer sur le gril de tous les côtés, pendant 8 à 10 min.
3. Les servir avec le ketchup de tomates.

Préparation : env. 5 min
Cuisson : 8 à 10 min
Env. 3253 kJ / 774 kcal

Mini-brochettes

pour 6 personnes

- 20 g de lard
- 2 oignons, 2 petits pains
- 500 g de viande hachée mélangée
- 250 g de bifteck haché
- 2 oeufs, sel, poivre
- graisse pour la friture
- cornichons et tomates
- bâtonnets surprise, ketchup

1. Hacher finement le lard et l'oignon pelé. Faire revenir quelques instants puis faire refroidir.
2. Faire tremper les petits pains.
3. Mettre la viande hachée et le bifteck haché dans une terrine. Ajouter les oeufs, le mélange de lard et d'oignons, les petits pains bien pressés et les épices. Bien pétrir le tout avec le fouet à crochets du mixeur à main.
4. Faire chauffer la graisse de friture à 180 °C.
5. Façonner de petites boulettes de viande hachée et les faire frire dans la graisse très chaude env. 3 min par poêlée. Faire égoutter et laisser refroidir.

6. Glisser une tranche de cornichon et un petit morceau de tomate sur un bâtonnet puis piquer le bâtonnet dans la boulette.
7. Servir les boulettes avec du ketchup de tomates.

Préparation : env. 25 min
Cuisson : env. 3 min par poêlée
Env. 2168 kJ / 516 kcal

Infusion glacée aux plantes rouges

pour env. 6 verres

- 1 l de tisane de mauve
- env. 3 c. à soupe d'argousier au miel (magasin de produits diététiques), jus d'un citron
- 1 pointe de cannelle, 1 pincée de clous de girofle
- 4 à 5 tranches de citron
- un peu d'eau minérale (facultatif)

1. Verser l'argousier, le jus de citron et les aromates dans la tisane de mauve.
2. Mettre les tranches de citron dans un broc, verser la tisane par-dessus. Bien faire refroidir.
3. Avant de servir, ajouter éventuellement de l'eau minérale.

Préparation : env. 5 min
Par verre env. 126 kJ / 30 kcal

Punch au thé

pour env. 12 verres

- 1,5 l de thé noir, glaçons
- 1 boîte d'ananas en morceaux (poids net 440 g)
- 1 c. à s. de miel, jus d'un citron

1. Bien faire refroidir le thé.
2. Ajouter les morceaux d'ananas avec le jus.
3. Ajouter le miel et le jus de citron.
4. Verser dans un grand bol à punch, ajouter des glaçons.

Préparation : env. 10 min
Par verre env. 167 kJ / 40 kcal

Punch à la tisane de pommes

pour env. 8 verres

- 7 c. à soupe de tisane de pommes
- 1,5 l d'eau bouillante
- 1/2 citron non traité
- concentré de jus de pommes pour relever (magasin de produits diététiques)
- 1 pomme, glaçons

1. Verser de l'eau bouillante sur l'infusion, ajouter le demi-citron. Laisser infuser env. 10 min.
2. Passer l'infusion et la laisser bien refroidir. Ajouter du concentré de jus de pommes pour donner de la saveur.
3. Laver la pomme, la couper en quatre, retirer le centre et la couper en fines tranches.
4. Mettre les tranches de pomme dans un bol à punch. Y verser la tisane, ajouter des glaçons.

Préparation : env. 10 min
Par verre env. 74 kJ / 18 kcal

Tisane de mélisse

pour env. 6 verres

- 2 c. à soupe de feuilles de mélisse séchées
- 1 l d'eau bouillante
- jus d'un citron
- 2 c. à soupe de miel de tilleul
- (magasin de produits diététiques)
- 4 à 5 rondelles de citron
- glaçons
- feuilles de mélisse fraîches

1. Verser de l'eau bouillante sur les feuilles de mélisse et laisser infuser env. 5 min. Filtrer l'infusion et laisser refroidir.
2. Ajouter du jus de citron et du miel à la tisane de mélisse.
3. Mettre les tranches de citron et les glaçons dans un grand bol, y verser la tisane et décorer de feuilles de mélisse fraîches.

Préparation : env. 10 min
Par verre env. 84 kJ / 20 kcal

Salade de pommes de terre

500 g de pommes de terre cuites, 1/2 concombre, sel
2 carottes moyennes (150 g)
125 g de crème légère pour salade, 2 c. à s. de crème
poivre
50 g de pousses de soja

1. Peler les pommes de terre, les couper en fines tranches.
2. Laver le concombre, le couper en tranches ou le détailler en rondelles au coupe-légumes. Saupoudrer légèrement de sel et laisser un peu reposer.
3. Gratter les carottes, les laver et les râper finement.
4. Mélanger la créme légère avec la crème. Saler et poivrer.
5. Presser légèrement les tranches de concombre. Laver et éponger les pousses. Mélanger tous les ingrédients. Laisser reposer la salade 15 min. Dresser dans un plat.

Préparation : env. 20 min
Par portion env. 827 kJ / 197 kcal

Salade de riz multicolore

1 sachet de riz nature à longs grains (250 g)
1 pincée de safran en poudre
2 c. à soupe de jus de citron
sel, poivre, 2 poivrons
250 g de crème légère pour salade
2 c. à soupe de câpres en pot

1. Faire cuire le riz selon le mode d'emploi, le faire égoutter.
2. Mettre le riz dans une terrine et le mélanger avec le safran en poudre, le jus de citron, le sel et le poivre. Laisser un peu reposer.
3. Couper les poivrons en deux, les épépiner, les laver et les couper en petits dés. Verser de l'eau bouillante sur les poivrons et les laisser tremper quelques instants. Verser l'eau et égoutter.
4. Mélanger tous les ingrédients préparés, ajouter délicatement la crème pour salade et les câpres.
5. Laisser reposer la salade env. 30 min. La dresser sur un plat.

Préparation : env. 15 min
Par portion env. 1700 kJ / 405 kcal

Salade surprise

500 g de pommes de terre cuites
125 g de jambon cuit
1 botte de radis (env. 10)
125 g de crème pour salade
3 c. à soupe de yaourt à boire
1 pincée de sel, 1 pincée de poivre
1 bouquet de ciboulette
1 petite saucisse à ébouillanter
1 oeuf dur
un peu de vert de poireau

1. Peler les pommes de terre et les couper en tranches. Couper le jambon en lamelles.
2. Parer les radis, les laver, séserver un radis, râper les autres grossièrement. Mélanger les ingrédients préparés.
3. Mélanger la crème pour salade avec le yaourt et les épices et ajouter le tout à la salade. Laisser reposer env. 30 min. Dresser sur un plat.
4. Laver la ciboulette, l'éponger, en ciseler la moitié et la répartir sur la salade. Couper le reste de la ciboulette en deux puis encore en deux pour en faire les "cheveux" que vous placez sur la salade.
5. Couper la petite saucisse en deux, écaler l'oeuf et le couper en deux. Placer la saucisse à la place de la bouche, les oeufs pour les yeux et le radis pour le nez. Faire un noeud papillon avec le poireau et le placer aussi sur la salade.

Préparation : env. 25 min
Env. 1490 kJ / 358 kcal

Infusion glacée au citron

pour env. 10 verres
1 bouquet de mélisse
2 l d'eau, 4 c. à soupe de miel doux
jus de 4 citrons non traités, glaçons, 1 citron non traité

1. Laver la mélisse. Réserver quelques feuilles pour la garniture. Verser de l'eau bouillante sur le reste de la mélisse, laisser infuser.
2. Filtrer puis le laisser bien refroidir.
3. Mélanger le miel, ajouter du citron et rectifier si nécessaire.
4. Laver le citron restant et le couper en très fins quartiers. Le mettre dans le thé avec les glaçons.
5. Garnir de feuilles de mélisse.

Préparation : env. 10 min
Par verre env. 84 kJ / 20 kcal

Boisson aux pommes

pour env. 10 verres

- 1 orange non traitée
- 1 bâton de cannelle, 5 clous de girofle
- 1 pincée de piment en poudre
- 1 c. à café de grains de coriandre
- 2 bouteilles de jus de pomme nature (de 0,75 l chacun)
- 1/2 bouteille de jus d'orange (0,35 l)
- 1 bouteille d'eau minérale gazeuse (0,33 l)

1. Laver l'orange, couper l'écorce en spirale (sans la peau blanche).
2. Faire chauffer l'écorce (en réserver un peu pour la décoration), le bâton de cannelle, le reste des épices et 1/2 bouteille de jus de pommes. Porter à ébullition. Filter et faire refroidir.
3. Mélanger le jus aromatisé avec le reste du jus de pommes, avec le jus d'oranges et le jus de l'orange pressée. Laisser encore bien refroidir.
4. Verser la boisson dans un pichet, rajouter de l'eau minérale et garnir d'écorce d'orange.

Préparation : env. 10 min
Par verre env. 288 kJ /64 kcal

Boisson au cacao et noisettes

pour env. 12 verres

- 6 c. à s. de thé d'écorce de cacao (magasin de produits diététiques), 2,5 l d'eau
- 3 c. à soupe de pâte de noisettes
- 1 c. à café de vanille naturelle
- 3 c. à soupe de sirop d'érable
- 100 g de crème liquide
- 1/2 c. à café de cannelle

1. Mettre les écorces de cacao dans l'eau froide et porter à ébullition. Hors du feu, laisser infuser 10 à 15 min.
2. Filtrer et laisser un peu refroidir. Mélanger avec la compote de noisettes, bien laisser refroidir.
3. Mélanger l'infusion d'écorces de cacao avec la vanille, le sirop d'érable et la crème liquide et rectifier si nécessaire.
4. Poudrer de cannelle la boisson bien refroidie et servir.

Préparation : env. 10 min
Par verre env. 306 kJ / 73 kcal

Drink exotique

pour env. 10 verres

- 1 bouteille de jus de fruits de la passion (0,75 l)
- 3 c. à soupe de pulpe de mangue (magasin de produits diététiques)
- 2 c. à soupe de concentré de jus de poires
- jus de 2 ou 3 citrons non traités
- 1 limette
- glaçons
- 1 bouteille d'eau minérale gazeuse (0,75 l)

1. Mélanger le jus de fruits de la passion avec la pulpe de mango, le concentré de jus de poires et le jus de citron.
2. Laver la limette, la couper en tranches fines et la mettre dans un pichet.
3. Verser le jus de fruits par-dessus, ajouter des glaçons et remplir d'eau minérale.

Préparation : 5 à 10 min
Par verre env. 140 kJ / 34 kcal

PÂTISSERIE

PÂTISSERIE

Faire soi-même sa pâtisserie n'est pas une tâche réservée aux dimanches et jours de fête, á Pâques ou Noël. Que ce soit un cake, un kouglof, une tarte aux fruits frais cuite sur la plaque ou des petits gâteaux de toutes sortes, ils sont toujours appréciés p. ex. par la moitié de la classe qui débarque à la maison pour réviser un devoir de maths, ou lors d'une fête de l'école maternelle. Les petits gâteaux complets sont particulièrement indiqués pour les petits creux de l'après-midi. Pour les occasions plus officielles, la pâtisserie sera plus élaborée. Il y aura alors des tartes aux fruits multicolores ou un gâteau du petit clown savamment décoré. On pourra sans hésiter demander l'aide des enfants, déjà passés maîtres dans l'art de faire des pâtés de sable. Et ils savent très bien imaginer les décorations les plus amusantes avec du glaçage au fondant, des bonbons et autres. De plus, ils sont très créatifs quand il s'agit de faire des gâteaux, de bricoler et de faire des emballages de cadeaux très personnels. Mais faire des gâteaux, cela ne veut pas dire forcément faire des gâteaux sucrés. On peut aussi s'aventurer dans le domaine des crackers, canapés et biscuits salés. Nous ne pouvons que vous encourager : regardez les pages suivantes, mettez-vous en appétit, choisissez une recette, vérifiez vos réserves de provisions et il ne nous reste plus qu'à vous souhaiter: bonne réussite !

Gauffres de farine complète aux cerises

Pour 8 gauffres, il te faut :

pour la pâte :

- 300 g de farine complète de blé
- 1/2 sachet de levure en poudre
- 1 pointe de sel
- 125 g de beurre fondu
- 300 ml de lait tiède
- 2 œufs
- 3 c. à soupe de miel liquide

de plus :

- un peu d'huile pour graisser le moule à gauffres
- 125 g de crème liquide
- 1 c. à café de sucre vanillé
- 500 g de cerises dénoyautées, fraîches ou en pot

tu réunis les ustensiles suivants :

1 terrine pour mélanger
1 cuillère à soupe
1 mixeur à main avec 1 fouet
1 moule à gauffres
1 pinceau
1 petite louche
1 récipient à bords élevés pour battre la crème liquide
du papier absorbant

1. Mettre la farine, la levure en pudre et le sel dans la terrine et mélanger.

2. Ajouter le beurre fondu, le lait tiède, les œufs et le miel. Remuer avec le fouet du mixeur à main jusqu'à obtention d'une pâte lisse.

3. Faire gonfler la pâte jusqu'à ce qu'elle ait doublé de volume.

4. Préchauffer le moule à gauffres. Badigeonner avec peu d'huile.

5. Remplir une petite louche de pâte, fermer le moule. Attention à la vapeur brûlante! Laisser cuire la pâte env. 5 min.

6. Sortir les gauffres, les faire refroidir un peu sur le papier absorbant.

7. Mettre la crème liquide et le sucre vanillé dans le récipient et la battre en chantilly.

8. Garnir les gauffres de cerises dénoyautées.

9. Ajouter une cuillérée de crème fouettée.

Tarte aux abricots

1 kg d'abricots
1 préparation „gâteau fruité de farine complète“
100 g de margarine
3 œufs
5 à 6 c. à soupe d'eau
papier sulfurisé
3 c. à soupe de miel
2 c. à soupe de jus d'orange
50 g d'amandes effilées

1. Mettre brièvement les abricots dans l'eau bouillante puis les rincer à l'eau froide et les peler. Couper les fruits en deux et les dénoyauter.
2. Selon le mode d'emploi de l'emballage, mélanger la préparation avec de la margarine, des œufs et de l'eau (y incorporer aussi le mélange de sauce dessert).
3. Poser du sulfurisé sur la plaque, le recouvrir de pâte.
4. Répartir les abricots sur la pâte.
5. Mélanger le miel avec le jus d'oranges, en badigeonner les fruits. Saupoudrer d'amandes.
6. Faire cuire le gâteau dans le four préchauffé pendant 40 min. environ. Pour env. 24 parts.

Préparation : env. 30 min
Cuisson : env. 40 min
Four électr. 180 °C / gaz th. 2
Env. 634 kJ / 151 kcal

Tarte aux fruits rouges en gelée

1 préparation "pâte pour tarte aux fruits"
250 g de margarine
2 œufs
4 c. à soupe d'eau
zeste râpé d'un citron non traité
papier sulfurisé
1 kg de fruits mélangés (p. ex. framboises, groseilles, mûres, myrtilles)
ou 3 paquets de cocktail de fruits rouges surgelés (de 300 g chacun)
1 sachet de nappage, clair
250 ml d'eau ou de jus de fruit (1/4 l)
2 c. à soupe de sucre
100g de noisettes effilées

1. Mélanger la préparation, selon le mode d'emploi du paquet, avec la margarine, les œufs et l'eau. Ajouter le zeste de citron.
2. Etendre du papier sulfurisé sur une plaque, y répartir la pâte et lisser.
3. Faire cuire 30 à 40 min dans le four préchauffé. Laisser refroidir le fond de taste.
4. Laver et équeuter les fruits, les faire égoutter. Ou faire décongeler les fruits surgelés, les faire égoutter.
5. Répartir les fruits sur le fond de tarte déjà cuit.
6. Préparer le nappage selon le mode d'emploi de l'emballage avec l'eau et le sucre, napper les fruits. Saupoudrer de noisettes effilées.

Préparation : env. 30 min
Cuisson : 30 à 40 min
Four électr. 180 °C / gaz th. 2
Par morceau env. 598 kJ / 142 kcal

Tartelettes aux fruits

1 préparation "pâte de tarte aux fruits au babeurre"
100 g de margarine
2 œufs, 2 c. à soupe d'eau
margarine pour les moules
5 pêches
250 g de groseilles rouges
1 sachet de nappage, clair
250 ml de jus de fruit (1/4 l) p. ex. jus de pêche
2 c. à soupe de sucre

1. Mélanger la préparation selon le mode d'emploi de l'emballage avec la margarine, les œufs et l'eau.
2. Graisser 10 moules à tartelette (Ø 10 cm) avec de la margarine. Remplir de pâte, lisser et mettre au four préchauffé. Faire cuire 15 à 20 min.
3. Démouler les tartelettes et les faire refroidir.
4. Passer les pêches à l'eau bouillante, les rincer à l'eau froide et les peler. Couper les fruits en deux, les dénoyauter, inciser les moitiés très finement en éventail.
5. Laver les groseilles et les égrapper.
6. Garnir chaque tartelette d'une moitié de pêche et de groseilles.
7. Préparer le nappage selon le mode d'emploi avec le jus de fruits et le sucre. Napper les fruits.

Pour env. 10 parts.

Préparation : env. 25 min
Cuisson : 15 à 20 min
Four électr. 180 °C / gaz th. 2
1 morceau : env. 1057 kJ / 252 kcal

Conseil diététique

Les groseilles - fruits rouges ou blancs. Elles sont riches en vitamine C et en minéraux et peuvent bien sûr être mélangées selon les besoins.

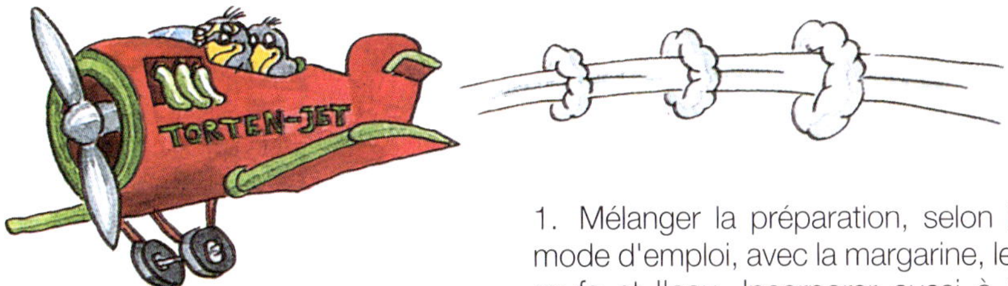

Clafoutis aux cerises

1 préparation „gâteau 5 céréales aux noisettes“
100 g de margarine
3 œufs, 3 c. à soupe d'eau
margarine pour le moule
750 g de griottes dénoyautées (fraîches ou en pot)
2 c. à soupe de sucre glace

1. Mélanger la préparation, selon le mode d'emploi, avec la margarine, les œufs et l'eau. Incorporer aussi à la pâte le glaçage et la sauce dessert joints au paquet.
2. Graisser un moule à fond mobile (Ø 26 cm). Remplir de pâte, lisser. Répartir sur la pâte les cerises bien égouttées. Mettre au four préchauffé. Faire cuire env. 40 min.
3. Faire refroidir le clafoutis. Avant de servir, saupoudrer de sucre glace.

Pour env. 12 parts.

Préparation : env. 15 min
Cuisson : env. 40 min
Four électr. 180 °C / gaz th 2
1 morceau env. 1178 kJ / 280 kcal

Gâteau aux petits beurres

175 g de graisse de coco
2 œufs
150 g de sucre glace
1 pincée de sel
40 g de cacao en poudre
1 c. à c. de café en poudre
1 c. à s. d'eau très chaude
40 g d'amandes en poudre
papier sulfurisé
env. 25 petits beurres
pâtes de fruits et amandes pour décorer

1. Faire fondre la graisse de coco et la laisser refroidir.
2. Battre œufs, sucre glace, sel et cacao en une masse mousseuse.
3. Délayer le café en poudre dans l'eau et l'ajouter avec les amandes à la préparation.
4. Incorporer peu à peu la graisse de coco encore liquide.
5. Recouvrir de papier sulfurisé l'intérieur d'un moule à cake.
6. Verser une couche de crème au chocolat dans le moule puis une rangée de petits beurres et recommencer en alternant les couches, la dernière étant de la crème de chocolat.
7. Décorer le gâteau d'amandes et de pâtes de fruits tant que la crème est encore molle.

Pour env. 20 tranches.

Préparation : env. 20 min
Par tranche env. 746 kJ / 178

Kouglof au fromage blanc

75 g d'amandes effilées
75 g de raisins de Corinthe
150 g de beurre ou de margarine
200 g de sucre
2 œufs
200 g de fromage blanc allégé
300 g de farine
1 sachet de levure chimique
1 pincée de sel
zeste râplé d'un citron non traité
3 c. à soupe de lait
60 g de pistache
graisse et chapelure pour le moule
2 c. à soupe de sucre glace

1. Faire dorer les amandes effilées dans une poêle sans graisse, les laisser refroidir.
2. Laver les raisins de Corinthe, les éponger.
3. Mettre la graisse, le sucre et les œufs dans une terrine et les battre avec le fouet du mixeur à main pour obtenir une masse mousseuse.
4. Incorporer le fromage blanc.
5. Mélanger la farine avec la levure chimique et le sel et l'incorporer peu à peu à la préparation. Ajouter à la pâte le lait, les amandes, les pistaches, le zeste de citron et les raisins de Corinthe légèrement farinés.
6. Graisser un moule à kouglof (Ø 22 cm) et saupoudrer de chapelure. Verser la pâte et la mettre au four préchauffé. Faire cuire env. 60 min. Laisser refroidir.
7. Saupoudrer de sucre glace.

Pour env. 16 parts.

Préparation : env. 25 min
Cuisson : env. 60 min
Four électr. : 180 °C / gaz th. 2
Pour 1 part env. 1227 kJ / 292 kcal

Gâteau au pavot

Pour 2 petits gâteaux
- 250 g de beurre ou de margarine
- 200 g de sucre
- 4 œufs, 1 pincée de sel
- intérieur d'une gousse de vanille
- 500 g de farine pâtissière,
- 1 sachet de levure chimique
- 125 ml de lait (1/8 l)
- 1 paquet de graines de pavot (250 g)
- 100 g de pâte d'amande
- 125 g de raisins secs
- graisse et pavot pour le moule

1. Mettre le beurre ou la margarine, le sucre, les œufs, le sel et la vanille dans une terrine et les battre avec le fouet du mixeur à main en une masse mousseuse.
2. Mélanger la farine avec la levure chimique et ajouter le lait peu à peu en remuant.
3. Ajouter le pavot à la pâte.
4. Couper la pâte d'amandes en cubes. Laver les raisins secs, les éponger et les fariner légèrement. Incorporer les deux éléments dans la pâte.
5. Graisser deux petits moules à kouglof (Ø 16 cm) et saupoudrer de pavot de façon régulière. Verser la pâte.
6. Faire cuire 50 à 60 minutes dans le four préchauffé.

Chaque gâteau fournit env. 8 parts.

Préparation : env. 20 min
Cuisson : 50 à 60 min
Four électr. 180 °C / gaz th. 2
Par tranche env. 1873 kJ / 446 kcal

Gâteau de sarrasin aux noisettes

- 5 œufs, blancs et jaunes séparés
- 175 g de beurre ou de margarine
- 200 g de sucre brun
- 1 sachet de sucre vanilliné
- 300 g de blé finement concassé
- 150 de farine de sarrasin
- 1 sachet de levure chimique
- 375 ml de lait (3/8 l)
- 200 g de noisettes en poudre
- margarine ou beurre pour le moule

1. Mélanger le jaune d'œuf avec du beurre mou ou de la margarine, le sucre et le sucre vanillé en une masse mousseuse.
2. Mélanger le blé concassé et la farine de sarrasin avec de la levure chimique. Verser peu à peu le lait en remuant. Incorporer délicatement les noisettes à la pâte.
3. Graisser un moule à kouglof avec de la margarine ou du beurre.
4. Battre le blanc d'œuf en neige très ferme et l'incorporer délicatement à la pâte. Verser dans le moule à kouglof et faire cuire env. 70 min à four préchauffé. (Si le gâteau brunit trop, le couvrir d'une feuille alu).

Préparation : env. 20 min
Cuisson : env. 70 min
Four électr. 180 °C / gaz th. 2
Par morceau env. 1579 kJ / 376 kcal

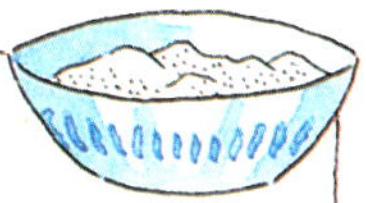

Conseil diététique

le sarrasin - n'appartient pas à la famille botanique des graminées : c'est en effet une polygonacée. Cependant, les petites graines gris noir peuvent être travaillées comme une céréale. On peut les moudre en une fine farine, p. ex avec du blé.

Crackers chinois

4 feuilles de pâte feuilletée surgelée (de 60 g chacune)
1 c. à soupe de sauce de soja douce
1/2 c. à soupe de sambal oelek
mélange de cinq-épices
1 jaune d'œuf, un peu d'eau
2 c. à soupe de graines de sésame
papier sulfurisé

1. Faire décongeler la pâte feuilletée selon le mode d'emploi de l'emballage.
2. Placer 2 fois deux feuilles bord à bord du côté étroit et abaisser la pâte en un grand rectangle (env. 15 x 25 cm).
3. Mélanger la sauce de soja avec le sambal oelek et les cinq-épices, et en badigeonner un rectangle. Poser le deuxième rectangle par-dessus et bien appuyer.
4. Battre le jaune d'œuf avec un peu d'eau, en badigeonner la surface de la pâte et saupoudrer de graines de sésame.
5. Couper droit les bords de la pâte, et détailler la pâte en losanges de 2 à 3 cm.
6. Étendre du papier sulfurisé sur une plaque. Y poser les losanges de pâte feuilletée et faire cuire 6 à 8 min dans le four préchauffé. Les détacher aussitôt du papier de cuisson et les faire refroidir.

Pour env. 60 crackers.

Préparation : env. 30 min
Cuisson : 6 à 8 min
Four électr. 220 °C / gaz th. 5
Par cracker 84 kJ / 20 kcal

Conseil diététique

la pâte feuilletée - une pâte sans levure ni levure chimique. Sa structure est obtenue par un pétrissage intensif du pâton, abaissé et replié plusieurs fois, une grande quantité de beurre ou de margarine étant incorporée à la pâte. La pâte feuilletée surgelée facilite la tâche.

Bouchées au fromage

1 rouleau de pâte à petits pains refroidie (250 g)
30 g de feta, 70 g de fromage frais aux herbes
2 c. à café de crème liquide
sel, poivre
1 c. à soupe d'herbes aromatiques mélangées surgelées
papier sulfurisé

1. Retirer la pâte de la boîte. Pétrir et abaisser la pâte en un rectangle (25 x 15 cm env.). La découper en petits carrés (2,5 x 2,5 cm env.).
2. Couper la feta en petits cubes, la mélanger au fromage frais et à la crème liquide. Saler et poivrer et ajouter les herbes.
3. Recouvrir une plaque de papier sulfurisé.
4. Y poser les carrés. Placer sur chaque bouchée un peu de crème de feta et mettre au four préchauffé. Faire cuire 8 à 10 min.
5. Détacher les bouchées aussitôt de la plaque et les laisser refroidir.

Pour env. 40 biscuits.

Préparation : env. 30 min
Cuisson : 8 à 10 min
Four électr. 200 °C / gaz th. 3
Par bouchée: 105 kJ / 25 kcal

Mini-pains

70 g de salami
30 g d'olives vertes dénoyautées
1 c. à soupe de concentré de tomates sulfurisé
papier sulfurisé
1 rouleau de pâte à petits pains refroidie (250 g)

1. Couper le salami et les olives en petits cubes et les mélanger avec le concentré de tomates.
2. Poser du papier sulfurisé sur une plaque.
3. Retirer la pâte de la boîte, la partager en cinq tranches. Couper chaque tranche en 4.
4. Façonner des billes de pâte et les poser sur la plaque. Faire un léger creux du doigt dans chaque bille et y placer un peu de farce.
5. Presser les bords de la pâte et mettre les mini petits pains au four préchauffé. Faire cuire env. 10 min. Laisser refroidir.

Pour env. 20 mini pains.

Préparation : env. 20 min
Cuisson : env. 10 min
Four électr. 200 °C / gaz th. 3
L´un: env. 210 kJ / 50 kcal

Torsades au paprika

4 feuilles de pâte feuilletée surgelée (de 60 g chacune)
1 c. à soupe de concentré de poivrons (à acheter)
1 c. à café de pâte d'ail
1/2 c. à café d'origan séché
paprika pour saupoudrer
papier sulfurisé

1. Décongeler la pâte feuilletée selon le mode d'emploi.
2. Mélanger le concentré de poivrons avec la pâte d'ail et l'origan.
3. Badigeonner de cette crème 2 feuilles de pâte et couvrir chacune d'elles d'une feuille de pâte non badigeonnée. Saupoudrer de paprika.
4. Poser du papier sulfurisé sur une plaque.
5. Couper les feuilles de pâte dans le sens de la largeur en lanières d'un cm env. Tordre les lanières en spirales, les poser sur la plaque en appuyant bien.
6. Mettre les tortillons au four préchauffé. Faire cuire 10 à 12 min. Laisser refroidir.

Pour env. 20 torsades.

Préparation : env. 20 min
Cuisson : 10 à 12 min
Four électr. 220 °C / gaz th. 4
L´une: env. 210 kJ / 50 kca

Têtes de nègre

pour la pâte :
4 œufs
1 sachet de sucre vanillé
125 g de sucre
100 g de farine
25 g de fécule
1 pointe de levure chimique
zeste râpé d'un citron non traité
graisse pour le moule
pour fourrer les muffins :
100 g de couverture praliné
pour le glaçage :
100 g de chocolat semi-amer de couverture
1 tube de fondant „vanille“

pour décorer :
1 sachet de vermicelles de sucre, 1 sachet de fondant „spécial écriture“, 1 sachet de fleurs en sucre, 1 sachet de décors en couleurs, petits coeurs en chocolat
12 caissettes en papier

1. Battre les œufs en une masse mousseuse. Verser en pluie le sucre vanillé et le sucre et continuer de battre jusqu'à obtention d'une crème épaisse.
2. Mélanger la farine avec la fécule, la levure chimique et le zeste de citron et l'incorporer délicatement aux œufs.
3. Graisser un moule à muffins. Remplir les alvéoles à la cuillère avec la moitié de la pâte. Mettre la préparation au four préchauffé. Laisser cuire env. 15 min. Placer le reste de la pâte au réfrigérateur.
4. Démouler les pâtisseries et les laisser refroidir.
5. Faire cuire le reste de la préparation de la même façon et laisser refroidir.
6. Faire fondre la couverture praliné au bain-marie. Couper les pâtisseries au niveau du tiers inférieur, les remplir de couverture praliné.
7. Faire fondre le chocolat de couverture et en napper la moitié des pâtisseries; recouvrir l'autre moitié de glaçage au fondant. Faire sécher.
8. Décorer librement les têtes de nègre et les placer dans des caissettes en papier.
Pour 12 unités.

Préparation : env. 45 min
Cuisson : env. 15 min
Four électr. 200 °C / gaz th. 3
L´une: part env. 1044 kJ / 249 kcal

Gâteau du petit clown

pour la pâte:
- 250 g de margarine
- 200 g de sucre
- 4 œufs, zeste râpé d'un citron non traité, 250 g de farine,
- 3 c. à c. de levure chimique
- 250 g de noisettes en poudre
- 50 g de vermicelles de chocolat

pour le glaçage :
- 2 sachets de glaçage clair (de 100 g chacun)
- 1 sachet de décors en sucre
- 1 sachet de fondant „spécial écriture“
- env. 100 g de sucre glace
- env. 2 c. à s. de jus de citron

1. Mélanger vivement la margarine et le sucre jusqu'à obtention d'une masse mousseuse. Ajouter les œufs peu à peu, mélanger pour obtenir une crème. Ajouter le zeste de citron.
2. Mélanger la farine avec la levure chimique et les noisettes. Incorporer peu à peu à la préparation. Ajouter les vermicelles de chocolat.
3. Graisser à la margarine un moule à fond mobile (Ø 24 cm), verser la pâte, la lisser et la faire cuire 50 à 60 min dans le four préchauffé.
4. Laisser le gâteau un peu refroidir. Le démouler et le laisser complètement refroidir.
5. Réchauffer le glaçage au bain-marie, et en napper le gâteau. Saupoudrer le bord de décors en sucre (vermicelles).
6. Pour préparer le visage du clown, dessiner les contours (chapeau et visage) avec le fondant „spécial écriture“. Laisser sécher.
7. Mélanger le sucre glace avec le liquide pour obtenir un nappage épais. Remplir de ce nappage la surface des contournée. Laisser sécher.
8. Répartir du fondant brun sur le chapeau, le lisser au pinceau.
9. Avec le reste des couleurs du fondant "spécial écriture", dessiner la bouche, le nez et les yeux dans le visage. Retracer éventuellement les contours.

Pour env. 12 parts.

Préparation : env. 45 min
Cuisson : 50 à 60 min
Four électr. 180°C / gaz th. 2
Pour 1 part env. 2848 kJ / 678 kcal

Moulins à vent

150 g de fromage blanc maigre, 6 c. à s. de lait
6 c. à s. d'huile, 75 g de sucre, zeste râpé d'un citron non traité
1 pincée de sel, 300 g de farine
1 sachet de levure chimique
papier sulfurisé
1 sachet de glaçage au citron (100 g), décors de gâteau
150 g de sucre glace
blanc d'œuf, 6 grandes sucettes

1. Bien faire égoutter le fromage blanc, le mettre dans une terrine et le mélanger avec le lait, l'huile, le sucre, le zeste de citron et le sel jusqu'à obtention d'une masse mousseuse.
2. Mélanger la farine et la levure chimique. En incorporer un peu à la masse de fromage blanc, mélanger le reste.
3. Poser du papier sulfurisé sur une plaque.
4. Abaisser la pâte en un rectangle de 20 x 30 cm, le couper en 6 carrés de 10 x 20 cm.
5. Inciser les carrés sur 3 cm des angles vers le milieu. Replier à chaque fois la moitié de chaque triangle vers le milieu. Poser les ailes sur la plaque et les faire cuire env. 20 min dans le four préchauffé. Les laisser refroidir sur une volette à gâteau.
6. Réchauffer le glaçage au citron au bain-marie et en napper les moulins à vent. Décorer de perles colorées.
7. Battre le sucre glace et le blanc jusqu'à obtention d'une masse ferme.
8. Remplir de cette masse un petit sachet à congeler dont vous coupez un petit coin : appuyer pour faire sortir la crème et retracer les contours des moulins à vent
9. Coller les moulins à vent sur les sucettes avec du nappage de sucre.

Préparation : env. 45 min
Cuisson : env. 20 min
Four électr. 200 °C / gaz th. 3
Par moulin env. 2640 kJ / 629 kcal

Petit train d'enfant

375 g de beurre ou de margarine
300 g de sucre
1 sachet de sucre vanilliné
1 pincée de sel, 6 œufs
zeste râpé d'un citron non traité
200 g de farine
175 g de fécule
1 c. à café de levure chimique
margarine pour le moule
300 g de couverture, lait
petits gâteaux ronds et gommes pour décorer
1 sachet de décors de gâteau
1 sachet de fondant "spécial écriture"

1. Faire fondre le beurre ou la margarine et laisser de nouveau refroidir.
2. Ajouter le sucre, le sucre vanillé et le sel et mélanger jusqu'à obtention d'une crème épaisse mousseuse.
3. Ajouter ensuite les œufs les uns après les autres, puis le zeste de citron.

4. Mélanger la farine avec la fécule et la levure chimique. L'incorporer peu à peu aux œufs.
5. Graisser un moule à cake (longueur 32 cm, largeur 11 cm). Verser la pâte et faire cuire 60 à 75 min au four préchauffé.
6. Laisser un peu refroidir le gâteau, le démouler, le renverser sur une volette et le laisser refroidir.
7. Couper le gâteau en tranches de 4 cm. Dans un morceau, faire une locomotive. Tailler une cheminée dans le morceau ayant été découpé.
8. Réchauffer la couverture selon le mode d'emploi de l'emballage et en napper tous les morceaux. Coller la cheminée et la napper aussi.
9. Pour les roues prendre des gommes fruitées et pour le bloc tampon de la locomotive, coller un petit gâteau rond.
10. Décorer les toits de perles de couleur. Dessiner les fenêtres au fondant "spécial écriture". Bien faire sécher.

Préparation : env. 60 min
Cuisson : 60 à 75 min
Four électr. 180 °C / gaz th. 2
Au total env. 3322 kJ / 7910 kca

Cartes à jouer

200 g de margarine, 200 g de sucre, 1 sachet de sucre vanillé
zeste râpé de 2 citrons non traités
3 œufs, 200 g de farine
125 g de fécule
3 c. à café de levure chimique
3 c. à soupe de lait, 2 c. à café de cacao en poudre
graisse, 200 g de couverture
200 g de sucre glace
3 c. à soupe de jus de citron
fondant „spécial écriture“, fleurettes et perles de sucre

1. Mélanger la margarine, le sucre et le sucre vanilliné en une masse mousseuse. Ajouter le zeste de citron. Incorporer les œufs.
2. Mélanger farine, fécule et levure chimique et l'intégrer peu à peu à la préparation.
3. Partager la pâte. Mélanger une moitié avec le lait et l'autre avec le cacao en poudre.
4. Graisser une plaque. Couvrir une moitié de plaque de la pâte claire et l'autre moitié de la pâte foncée. Faire cuire env. 30 min dans le four préchauffé. Laisser refroidir.
5. Découper la pâte cuite en rectangles de 8,5 x 5,5 cm env.
6. Faire fondre la converture selon le mode d'emploi de l'emballage. Délayer le sucre glace dans le jus de citron pour en faire un glaçage.
7. Badigeonner les rectangles foncés de couverture et les rectangles clairs de glaçage au citron.
8. Pour en faire des cartes ou des pions de jeu de dames, dessiner des motifs au fondant „spécial écriture“ et poser des fleurettes et de perles.
Bien laisser sécher.
Pour 16 cartes env.

Préparation : env. 40 min
Cuisson : env. 30 min
Four électr. 180 °C / gaz th. 2
Par carte env. 1546 kJ / 368 kcal

Friandises de Pâques

- 200 g de farine
- 100 g de beurre ou de margarine
- 1/2 c. à café de sel, 3 à 4 c. à soupe d'eau
- papier sulfurisé
- 1 jaune d'œuf
- cumin ou gros sel pour saupoudrer

1. Mettre la farine, la graisse, le sel et l'eau dans une terrine et malaxer avec le fouet à crochets du mixeur à main.
2. Poser du papier sulfurisé sur une plaque.
3. Abaisser sur une épaisseur d'env. 1/2 cm la pâte entre 2 films alimentaires, découper de petits motifs de Pâques à l'emporte-pièce et les poser sur la plaque.
4. Battre le jaune et en badigeonner les petits gâteaux. Saupoudrer de cumin ou de sel et faire cuire 15 à 20 min dans le four préchauffé.
5. Laisser refroidir les friandises (env. 100 pièces). Les conserver dans une boîte qui ferme bien.

Préparation : env. 45 min
Cuisson : 15 à 20 min
Four électr. 180 °C / gaz th. 2
Par unité env. 67 kJ / 16 kcal

Petits sujets de Pâques

- 250 g de farine complète de blé
- 1 œuf
- 2 c. à soupe de crème aigre
- 4 c. à soupe de miel
- 1 pincée de sel de mer
- 1 sachet de sucre vanillé
- 150 g de beurre
- papier sulfurisé
- lait pour badigeonner

1. Mettre la farine complète, l'œuf, la crème, le miel, le sel de mer, le sucre vanillé et le beurre ramolli dans une terrine et malaxer le tout avec le fouet à crochets du mixeur à main. Façonner à la main une boule, l'envelopper dans du film et la laisser reposer env. 1 heure au réfrigérateur.
2. Poser une feuille de papier sulfurisé sur une plaque.
3. Abaisser la pâte à une épaisseur de 1/2 cm et découper à l'emporte-pièce des canards, des lapins ou des agneaux. Poser les petits sujets sur la tôle et les badigeonner de lait.
4. Cuire 15 à 20 min dans le four préchauffé.

Pour env. 40 pièces.

Préparation : env. 1 heure
Cuisson : 15 à 20 min
Four électr. 200 °C / gaz th. 3
Par unité env. 276 kJ / 66 kcal

Lapin de Pâques et agneau de Pâques

pour 2 moules

- 150 g de margarine, 150 g de miel
- 1 pincée de sel de mer, 3 œufs
- 125 g d'amandes moulues
- zeste râpé d'une orange non traitée
- 300 g de farine complète de blé
- 1/2 sachet de levure biologique (magasin de produits diététiques)
- env. 75 ml de lait
- évent. sucre glace ou cacao

1. Mélanger la margarine ramollie avec le miel et le sel de mer jusqu'à obtention d'une masse mousseuse. Incorporer les œufs peu à peu.
2. Ajouter les amandes moulues et le zeste de l'orange. Mélanger la farine avec la levure et verser peu à peu le lait en tournant.
3. Graisser deux moules en forme de lapin ou d'agneau. Les remplir de pâte et les faire cuire env. 45 min dans le four préchauffé.
4. Laisser un peu refroidir les gâteaux dans les moules puis démouler.
5. Saupoudrer éventuellement les sujets de sucre glace ou de cacao.

Préparation : env. 20 min
Cuisson : env. 45 min
Par sujet : env. 8044 kJ / 1916 kcal

Clafoutis aux abricots

- 500 g de farine, 1 sachet de levure en poudre
- 75 g de sucre, une pincée de sel
- 75 g de beurre mou, 1 œuf
- 250 ml de lait tiède (1/4 de l)
- 150 g d'abricots séchés
- 750 g de fromage blanc maigre, 350 g de sucre, 6 œufs
- 100 g d'amandes hachées
- 250 g de beurre
- 1 c. à soupe de farine, 1 c. à café de levure chimique
- 2 c. à soupe de sucre glace

1. Mélanger farine et levure dans une terrine. Ajouter sucre, sel, graisse, œuf et lait tiède, et malaxer le tout avec le fouet à crochets du mixeur à main en une pâte lisse et élastique. Placer celle-ci à un endroit chaud jusqu'à ce qu'elle ait doublé de volume.
2. Graisser un plat rectangulaire.
3. Rincer les abricots, les essuyer et les couper en morceaux. Pétrir la pâte encore une fois. Couvrir la surface du plat de cette pâte, laisser un petit bord sur le côté.
4. Mélanger le fromage blanc, 150 g de sucre et 1 œuf en une masse onctueuse et l'étaler sur la pâte.
5. Répartir les abricots et les amandes.
6. Prendre le reste des œufs, séparer le blanc des jaunes. Mélanger les jaunes, la graisse et le reste de sucre en une masse mousseuse. Mélanger farine et levure chimique et l'ajouter.
7. Battre les blancs en neige et les incorporer délicatement à la pâte.
8. Répartir la masse d'œufs sur la préparation et mettre le clafoutis au four préchauffé. Laisser cuire 25 à 30 min. Aussitôt que la surface devient brune, couvrir de papier sulfurisé.
9. Laisser refroidir le clafoutis aux abricots. Saupoudrer de sucre glace et couper en morceaux.

Pour 20 parts.

Préparation : env. 35 min
Cuisson : 20 à 35 min
Four électr. 180 °C / gaz th. 2
Par unité env. 1848 kJ / 440 kcal

Nids de Pâques à la pistache

500 g de farine
1 sachet de levure en poudre 1 cube de levure fraîche, émiettée
50 g de sucre
1/2 c. à café de sel
50 g de beurre mou ou de margarine
75 g de pistaches hachées
2 œufs
250 ml de lait tiède (1/4 de l)
papier sulfurisé
10 œufs durs colorés

1. Mélanger la farine et la levure dans une terrine. Ajouter le sucre, le sel, la graisse, 50 g de pistaches, 1 œuf et le lait tiède et pétrir le tout avec le fouet à crochets du mixeur à main en une pâte lisse et élastique.
2. Poser la pâte à un endroit chaud et la laisser gonfler jusqu'à ce qu'elle ait doublé de volume.
3. Poser du papier sulfrisé sur une plaque.
4. Malaxer encore une fois la pâte levée, façonner un gros boudin et couper celui-ci en 10 morceaux égaux. Avec chaque morceau, rouler deux cordons de 20 cm de longueur. Torsader les cordons pour en faire une corde et placer celle-ci en cercle sur la plaque.
5. Battre l'œuf restant et en badigeonner les nids. Saupoudrer du reste de pistaches. Faire cuire env. 20 min au four préchauffé.
6. Laisser refroidir les nids.
7. Placer les œufs colorés dans les nids.

Pour 10 nids.

Préparation : env. 25 min
Cuisson : env. 20 min
Four électr. 200 °C / gaz th. 3
Par unité env. 1386 kJ / 330 kca

Lapin de Pâques à la crème au citron

pour la pâte :
250 ml d'eau (1/4 de l)
65 g de beurre ou de margarine
1 pincée de sel,
150 g de farine, 4 œufs
papier sulfrisé
pour la crème :
6 feuilles de gélatine
2 pots de yaourt à boire
(de 150 g), 80 g de sucre
1 sachet de sucre vanillé
4 c. à soupe de jus de citron, 2 blancs d'œuf
1 pot de crème liquide (250 g)
2 c. à soupe de sucre glace

1. Mettre l'eau dans une terrine avec le beurre ou la margarine et 1 pincée de sel, porter à ébullition.
2. Ajouter la farine en une seule fois et mélanger à la cuillère de bois jusqu'à ce que la pâte se détache en boule de la terrine et qu'une couche blanche se forme sur le fond de celle-ci.
3. Hors du feu, mélanger peu à peu les œufs à la pâte. Laisser bien refroidir.
4. Poser du papier sulfrisé sur une plaque.
5. Remplir de pâte une poche à douille cannelée de grand calibre et former 12 lapins de Pâques sur la plaque (voir photo). Mettre au four préchauffé. Laisser cuire env. 35 min.
6. Une fois hors du four, séparer aussitôt délicatement les lapins avec des ciseaux et les laisser refroidir.
7. Faire tremper la gélatine pour la préparation de la crème.
8. Mélanger le yaourt avec le sucre, le sucre vanillé et le jus de citron.
9. Verser l'eau où trempe la gélatine, délayer celle-ci avec le yaourt.
10. Battre les blancs en neige et fouetter énergiquement la crème liquide. Incorporer peu à peu à la masse de yaourt consistante. Laisser refroidir env. 30 min.
11. Mettre la crème dans une grosse poche à douille et remplir les lapins de Pâques.
12. Dresser les lapins sur un plat et les saupoudrer de sucre glace.

Préparation : env. 50 min
Cuisson : env. 35 min
Four électr. 200 °C gaz th. 3
Par lapin env. 966 kJ / 230 kcal

Sapins de Noël

- 650 g de miel, 250 ml d'eau
- 100 g de saindoux
- 1 sachet d'épices pour pain d'épice
- zeste râpé d'un citron ou 1 petit sachet de citron liquide
- 2 petits œufs
- 200g de farine de seigle; type 130 (magasin de produits diététiques), 700 g de farine à pâtisserie, type 45
- 40 g d'amandes moulues
- 40 g d'orangeat finement haché, 4. c. à s. de rhum, 15 g de carbonate de potassium
- 5 g de carbonate d'ammonium
- papier sulfrisé
- pour la décoration :
- 1 blanc d'œuf
- env. 400 g de sucre glace
- colorants alimentaires
- décors de gâteau
- fondant „spécial écriture“

1. Chauffer le miel avec l'eau et le saindoux et laisser à nouveau refroidir.
2. Mélanger les épices pour pain d'épice, le zeste de citron et les œufs.
3. Mettre la farine avec les amandes et l'orangeat dans une terrine et remuer. Délayer dans le rhum le carbonate de potassium et le carbonate d'ammonium.
4. Incorporer à la farine la masse de miel et les agents levants, et bien pétrir le tout avec le fouet à crochets du mixeur à main.
5. Laisser reposer la pâte environ 1 journée.
6. Pour les sapins, découper un patron en carton de la taille désirée.
7. Abaisser la pâte sur une épaisseur d'au moins 1/2 cm. Poser le patron sur la pâte et découper des sapins. Prendre les restes de pâte pour les pétrir à nouveau, les abaisser et découper à l'emporte-pièce des lunes et des oiseaux.
8. Garnir une plaque de papier de cuisson, y déposer les petits sujets et mettre au four préchauffé. Faire cuire 15 à 20 min. Laisser refroidir.
9. Pour le glaçage, battre le blanc en neige ferme. Ajouter du sucre glace jusqu'à obtention d'un liquide épais. Puiser une petite quantité et la colorer en jaune. Colorer le reste en vert sapin.
10. Napper les arbres de glaçage vert, laisser sécher. Puis dessiner au fondant rouge "spécial écriture" des bougies sur les arbres, ajouter les flammes jaunes avec du fondant jaune. Décorer les arbres de perles d'argent. Réserver quelques arbres pour les poudrer seulement d'un peu de vermicelles de sucre.
11. Napper les lunes de glaçage jaune. Décorer les oiseaux de fondant „spécial écriture“ et de décors de gâteau. Bien faire sécher.

Préparation : env. 1 heure 1/2
Cuisson : 15 à 20 min
Four électr. 180 à 200 °C
Four à gaz th. 2 à 3
Au total env. 36712 kJ / 8741 kcal

Petits gâteaux de Noël multicolores

1 préparation „petits gâteaux au beurre"
200 g de beurre moux ou de margarine
env. 1 c. à soupe de lait
graisse pour la plaque
250 g de sucre glace
2 à 3 c. à soupe d'eau
colorants alimentaires
différents décors de gâteau
papier transparent (facultatif)
ruban cadeau (facultatif) pour décorer

1. Mettre dans une terrine la préparation, le beurre mou et le lait, et pétrir le tout avec le fouet à crochets du mixeur à main. Laisser reposer la pâte au réfrigérateur env. 30 min.
2. Graisser une plaque au beurre ou à la margarine.
3. Mettre la pâte entre deux films alimentaires, l'abaisser sur une l'épaisseur d'un dos de couteau. Découper différentes formes à l'emporte-pièce, les poser sur la plaque et les mettre au four préchauffé. Laisser cuire 10 à 15 min. Laisser refroidir sur une grille.
4. Pour le glaçage, mélanger le sucre glace avec l'eau en une masse liquide épaisse. Répartir celle-ci dans des coupelles en y délayant différents colorants alimentaires.
5. Badigeonner les petits gâteaux de glaçage et les décorer librement de perles et de vermicelles. Laisser sécher.
6. Envelopper éventuellement les petits gâteaux dans du papier transparent orné d'un ruban que l'on peut utiliser comme décoration pour l'arbre de Noël.

Pour env. 50 petits gâteaux.

Préparation : env. 70 min
Cuisson : 10 à 15 min
Four électr. 180 °C / gaz th. 2
Par gâteau env. 252 kJ / 60 kcal

Conseil diététique

Les préparations prêtes à l'emploi - mélanges proposés par l'industrie de la pâtisserie pour confectionner différentes pâtes, auxquelles il suffit en général d'ajouter du lait ou de l'eau ainsi que du beurre ou de la margarine et parfois aussi des œufs. Ce type de produits facilite la préparation domestique des gâteaux et du pain. En général, cette pâte peut être utilisée pour réaliser des pâtisseries très variées. Il est recommandé d'abaisser la pâte dans du film alimentaire - cette technique pouvant s'appliquer à différentes variétés de pâtes,que ce soient les pâtes à petits gâteaux ou les pâtes à nouilles, les pâtes à pain turc p. ex. - ceci permettant d'étaler la pâte sans problème en couche fine - surtout quand elle est encore un peu collante. Pour la décoration, on trouve dans le commerce des perles de couleur, des fleurettes de sucre et autres décors. Mais on peut aussi garnir les petits gâteaux de pistache, de pignons de noix, d'amandes, de graines de tournesol, d'écorce de citron et d'orange confits, de raisins secs et autres ingrédients diététiques.

Petits gâteaux au gingembre

- 225 g de farine complète de blé
- 1 c. à café de levure biologique
- 3 c.à soupe de miel (60 g)
- 1 œuf
- 1 blanc d'œuf
- 1 c. à soupe de gingembre moulu
- zeste râpé d'une orange non traitée
- 100 g de beurre
- papier sulfrisé
- 1 jaune pour badigeonner
- 2 c. à soupe de pistaches, coupées en deux

1. Mettre la farine et la levure dans une terrine et mélanger.
2. Ajouter le miel, l'œuf, le blanc, le gingembre, le zeste d'orange et le beurre mou et pétrir le tout avec le fouet à crochets du mixeur à main.
3. Presser la pâte en une boule, la mettre dans du film alimentaire et la laisser refroidir au réfrigérateur 60 min.
4. Garnir une plaque de papier sulfrisé.
5. Abaisser en une fine couche la pâte mise dans du film alimentaire. Découper des petits gâteaux à l'emporte-pièce et poser ceux-ci sur la plaque.
6. Battre le jaune, en badigeonner les petits gâteaux. Décorer de moitiés de pistache.
7. Mettre env. 15 min au four préchauffé.

Pour env. 30 petits gâteaux.

Préparation : env. 40 min
Cuisson : env. 15 min
Four électr. 200 °C / gaz th. 3
Par unité env. 285 kJ / 68 kcal

Friandises de Noël aux noisettes

- 150 g de beurre moux
- 100 g de miel
- 1 œuf, 1 jaune
- 1/2 c. à café de vanille naturelle
- 1 pincée de sel de mer
- 125 g de noisettes moulues
- 150 g de farine complète de blé
- papier sulfrisé

1. Mettre le beurre mou dans une terrine avec le miel, l'œuf et le jaune, battre le tout en une crème mousseuse. Ajouter la vanille et le sel.
2. Incorporer les noisettes et la farine de blé complet. Faire gonfler env. 30 min à la température ambiante.
3. Garnir une plaque de papier sulfrisé.
4. Verser la pâte dans une grosse poche à douille cannelée et la déposer sur la plaque en couronnes ou autres formes.
5. Mettre les petits gâteaux au four préchauffé. Faire cuire env. 10 min. Laisser bien refroidir.

Pour env. 25 petits gâteaux.

Préparation : env. 30 min
Cuisson : environ 10 min
Four électr. 200 °C / gaz th. 3

Petits gâteaux pour le thé

- 3 œufs, 50 g de miel
- zeste râpé d'un citron non traité
- 1/2 c. à café de vanille naturelle
- 150 g de farine complète de blé
- 1 c. à café de levure biologique
- papier sulfrisé
- 2 c. à soupe d'éclats d'amandes

1. Battre les œufs et le miel en une masse mousseuse. Ajouter le zeste de citron et la vanille.
2. Mélanger la farine complète avec la levure et l'incorporer à la préparation.
3. Garnir une plaque de papier sulfurisé. Y déposer des petits tas de pâte avec 2 cuillères à thé. Saupoudrer d'éclats d'amandes.
4. Mettre les petits gâteaux au four préchauffé. Faire cuire 10 à 15 min. Laisser bien refroidir. Pour env. 40 petits gâteaux.

Préparation : env. 25 min
Cuisson : 10 à 15 min
Four électr. 200 °C / gaz th. 3
Par unité env. 115 kJ / 27 kca

Couronne de l'Avent et petits gâteaux

pour la pâte :
125 g de miel
125 g de sirop
25 g de sucre
35 g de graisse de coco
250 g de farine bise (type 110)
25 g de cacao
1/2 sachet de carbonate de potassium (7,5 g)
1 c. à soupe d'eau de rose (pharmacie)
1 œuf

de plus :
papier sulfrisé pour la plaque

pour décorer :
150 g de sucre en poudre
env. 2 c. à soupe de jus de citron
colorant alimentaire
perles de sucre
vermicelles de sucre

en outre :
1 volette à gâteau
du ruban cadeau mince et large
boules pour sapin de Noël

1. Mettre le miel, le sirop, le sucre et la graisse de coco dans une terrine. Faire chauffer le tout jusqu'à obstention d'une masse fondue. Laisser refroidir.
2. Mélanger la farine et le cacao dans une terrine.
3. Délayer le carbonate de potassium dans l'eau de rose. Ajouter à la pâte avec l'œuf et le mélange de miel.
4. Envelopper la pâte dans du film alimentaire et laisser reposer à un endroit frais 2 à 3 jours.
5. Garnir une plaque de papier sulfrisé.
6. Abaisser sur env. 1 cm la pâte placée dans du film et découper à l'emporte-pièce les formes désirées. Poser celles-ci sur la plaque et les mettre 15 à 20 min au four préchauffé. Percer tout de suite des trous dans les petits gâteaux pour les accrocher plus tard. Laisser bien refroidir les petits sujets.
7. Pour le glaçage, mélanger le sucre glace avec le jus de citron.
8. Partager le glaçage en plusieurs portions; colorer celles-ci de couleurs différentes. Verser chaque portion dans un petit sachet de congélation, couper un coin pour pratiquer un petit orifice.
9. Décorer les petits sujets de glaçage, de perles, de vermicelles et de fleurettes. Laisser sécher.
10. Suspendre une volette à gâteau avec du ruban cadeau à larges bords.
11. Enfiler des rubans minces dans les petits sujets et attacher ceux-ci à la volette. Fixer les boules de sapin de Noël sur la volette.

Pour env. 20 petits sujets.

Préparation : env. 3 heures
Cuisson : 15 à 20 min
Four électr. 180 °C / gaz th. 2
Par petit gâteau :
Env. 579 kJ / 138 kcal

Index des recettes